图书在版编目(CIP)数据

儒学经典 / 吕友仁等注译. -- 郑州 : 中州古籍出版社, 2012.9
(国学典藏)
ISBN 978-7-5348-3883-5

Ⅰ.①儒… Ⅱ.①吕… Ⅲ.①儒学 Ⅳ.①B222

中国版本图书馆 CIP 数据核字(2012)第 146781 号

国学典藏—儒学经典

出 版 社: 中州古籍出版社
齊魯書社
发行单位: 新华书店
承印单位: 山东齐鲁古籍印务有限公司

开　本:	880mm×1230mm　1/16	印　张:	247.75
字　数:	845 千字	印　数:	2000 册
版　次:	2012 年 9 月第 1 版	印　次:	2012 年 9 月第 1 次印刷

定价: 1424.00 元(一函十一卷)
本书如有印装质量问题,由承印厂负责调换,电话:0539-2216386。

周禮

卷壹(共叁卷)

目録

天官冢宰第一

地官司徒第二

春官宗伯第三

國學典藏

周禮

目録

夏官司馬第四

秋官司寇第五

冬官考工記第六

【原文】

天官冢宰第一

叙官

惟王建國，辨方正位，體國經野。設官分職，以爲民極。乃立天官冢宰，使帥其屬，而掌邦治，以佐王均邦國。

治官之屬：大宰，卿一人；小宰，中大夫二人；宰夫，下大夫四人；上士八人，中士十有六人，旅下士三十有二人；府六人，史十有二人，胥十有二人，徒百有二十人。

宫正，上士二人，中士四人，下士八人；府二人，史四人，胥四人，徒四十人。

宫伯，中士二人，下士四人；府一人，史二人，胥二人，徒二十人。

膳夫，上士二人，中士四人，下士八人；府二人，史四人，胥十有二人，徒百有二十人。

庖人，中士四人，下士八人；府二人，史四人，賈八人，胥四人，徒四十人。

内饔，中士四人，下士八人；府二人，史四人，胥十人，徒百人。

外饔，中士四人，下士八人；府二人，史四人，胥十人，徒百人。

亨人，下士四人；府一人，史二人，胥五人，徒五十人。

甸師，下士二人；府一人，史二人，胥三十人，徒三百人。

獸人，中士四人，下士八人；府二人，史四人，胥四人，徒四十人。

漁人，中士二人，下士四人；府二人，史四人，胥三十人，徒三百人。

鱉人，下士四人；府二人，史二人，徒十有六人。

腊人，下士四人；府二人，史二人，徒二十人。

醫師，上士二人，下士四人；府二人，史二人，徒二十人。

食醫，中士二人。

疾醫，中士八人。

瘍醫，下士八人。

獸醫，下士四人。

酒正，中士四人，下士八人；府二人，史八人，胥八人，徒八十人。

酒人，奄十人，女酒三十人，奚三百人。

漿人，奄五人，女漿十有五人，奚百有五十人。

凌人，下士二人；府二人，史二人，胥八人，徒八十人。

籩人，奄一人，女籩十人，奚二十人。

醢人，奄一人，女醢二十人，奚四十人。

醯人，奄二人，女醯二十人，奚四十人。

鹽人，奄二人，女鹽二十人，奚四十人。

冪人，奄一人，女冪十人，奚二十人。

宮人，中士四人，下士八人；府二人，史四人，胥八人，徒八十人。

掌舍，下士四人；府二人，史四人，徒四十人。

幕人，下士一人；府二人，史二人，徒四十人。

掌次，下士四人；府四人，史二人，徒八十人。

大府，下大夫二人，上士四人，下士八人；府四人，史八人，賈十有六人，胥八人，徒八十人。

玉府，上士二人，中士四人；府二人，史二人，工八人，賈八人，胥四人，徒四十有八人。

內府，中士二人；府一人，史二人，徒十人。

外府，中士二人；府一人，史二人，徒十人。

司會，中大夫二人，下大夫四人，上士八人，中士十有六人；府四人，

史八人，胥五人，徒五十人。

司書，上士二人，中士四人；府二人，史四人，徒八人。

職內，上士二人，中士四人；府四人，史四人，徒二十人。

職歲，上士四人，中士八人；府四人，史八人，徒二十人。

職幣，上士二人，中士四人；府二人，史四人，賈四人，胥二人，徒二十人。

司裘，中士二人，下士四人；府二人，史四人，徒四十人。

掌皮，下士四人；府二人，史四人，徒四十人。

內宰，下大夫二人，上士四人，中士八人；府四人，史八人，胥八人，徒八十人。

內小臣，奄上士四人；史二人，徒八人。

閽人，王宮每門四人，囿游亦如之。

寺人，王之正內五人。

內豎，倍寺人之數。

九嬪。

世婦。

女御。

女祝四人，奚八人。

女史八人，奚十有六人。

典婦功，中士二人，下士四人； 府二人，史四人，工四人，賈四人，徒二十人。

典絲，下士二人； 府二人，史二人，賈四人，徒十有二人。

典枲，下士二人； 府二人，史二人，徒二十人。

内司服，奄一人，女御二人，奚八人。

縫人，奄二人，女御八人，女工八十人，奚三十人。

染人，下士二人； 府二人，史二人，徒二十人。

追師，下士二人； 府一人，史二人，工二人，徒四人。

屨人，下士二人； 府一人，史一人，工八人，徒四人。

夏采，下士四人； 史一人，徒四人。

【译文】

天子建立国都，首先要辨明国都所在地的正东正西、正南正北的方向，确定宫庙所在的位置，然后主次有别地进行国都建设和擘画郊野的经营，然后设立百官，各有职守，作为天下百姓有所取法的准则。为此，设立天官冢宰一职，让其统率部属掌管天下的治理，以辅佐天子。

天官的机构、人员编制是： 大宰，由卿一人担任； 小宰，由中大夫二人担任； 宰夫，由下大夫四人担任； 另有上士八人、中士十六人、众下士三十二人递相辅佐； 下辖府六人，史十二人，胥十二人，徒一百二十人。

宫正，由上士二人为官长，中士四人为辅佐，下士八人理众事； 下辖府二人，史四人，胥四人，徒四十人。

宫伯，由中士二人为官长，下士四人为辅佐； 下辖府一人，史二人，胥二人，徒二十人。

膳夫，由上士二人为官长，中士四人为辅佐，下士八人理众事； 下辖府二人，史四人，胥十二人，徒一百二十人。

庖人，由中士四人为官长，下士八人为辅佐； 下辖府二人，史四人，贾八人，胥四人，徒四十人。

内饔，由中士四人为官长，下士八人为辅佐； 下辖府二人，史四人，胥十人，徒一百人。

外饔，由中士四人为官长，下士八人为辅佐； 下辖府二人，史四人，胥十人，徒一百人。

亨人，由下士四人为官长； 下辖府一人，史二人，胥五人，徒五十人。

甸师，由下士二人为官长； 下辖府一人，史二人，胥三十人，徒三百人。

兽人，由中士四人为官长，下士八人为辅佐； 下辖府二人，史四人，胥四人，徒四十人。

渔人，由中士二人为官长，下士四人为辅佐；下辖府二人，史四人，胥三十人，徒三百人。

鳖人，由下士四人为官长；下辖府二人，史二人，徒十六人。

腊人，由下士四人为官长；下辖府二人，史二人，徒二十人。

医师，由上士二人为官长，下士四人为辅佐；下辖府二人，史二人，徒二十人。

食医，由中士二人负责。

疾医，由中士八人负责。

疡医，由下士八人负责。

兽医，由下士四人负责。

酒正，由中士四人为官长，下士八人为辅佐；下辖府二人，史八人，胥八人，徒八十人。

酒人，由宦官十人负责，下辖女酒三十人，奚三百人。

浆人，由宦官五人负责，下辖女浆十五人，奚一百五十人。

凌人，由下士二人为官长；下辖府二人，史二人，胥八人，徒八十人。

笾人，由宦官一人负责；下辖女笾十人，奚二十人。

醢人，由宦官一人负责；下辖女醢二十人，奚四十人。

醯人，由宦官二人负责；下辖女醯二十人，奚四十人。

盐人，由宦官二人负责；下辖女盐二十人，奚四十人。

幂人，由宦官一人负责；下辖女幂十人，奚二十人。

宫人，由中士四人为官长，下士八人为辅佐；下辖府二人，史四人，胥八人，徒八十人。

掌舍，由下士四人为官长；下辖府二人，史四人，徒四十人。

幕人，由下士一人为官长；下辖府二人，史二人，徒四十人。

掌次，由下士四人为官长；下辖府四人，史二人，徒八十人。

大府，由下大夫二人为官长，上士四人为辅佐，下士八人理众事；下辖府四人，史八人，贾十六人，胥八人，徒八十人。

玉府，由上士二人为官长，中士四人为辅佐；下辖府二人，史二人，工八人，贾八人，胥四人，徒四十八人。

内府，由中士二人为官长；下辖府一人，史二人，徒十人。

外府，由中士二人为官长；下辖府一人，史二人，徒十人。

司会，由中大夫二人为官长，下大夫四人为辅佐，上士八人和中士十六人协理众事；下辖府四人，史八人，胥五人，徒五十人。

司书，由上士二人为官长，中士四人为辅佐；下辖府二人，史四人，徒八人。

职内，由上士二人为官长，中士四人为辅佐；下辖府四人，史四人，徒二十人。

职岁，由上士四人为官长，中士八人为辅佐；下辖府四人，史八人，徒二十人。

职币，由上士二人为官长，中士四人为辅佐；下辖府二人，史四人，贾四人，胥二人，徒二十人。

司裘，由中士二人为官长，下士四人为辅佐；下辖府二人，史四人，徒四十人。

掌皮，有下士四人为官长；下辖府二人，史四人，徒四十人。

内宰，由下大夫二人为官长，上士四人为辅佐，中士八人理众事；下辖府四人，史八人，胥八人，徒八十人。

内小臣，由爵为上士的宦官四人领其事，下辖史二人，徒八人。

阍人，王宫每门设四人。王的动物园和行宫也是如此。

寺人，王后的正寝设五人。

内竖，人数是寺人的一倍。

九嫔。

世妇。

女御。

女祝四人，下辖奚八人。

女史八人，下辖奚十六人。

典妇功，由中士二人为官长，下士四人为辅佐；下辖府二人，史四人，工四人，贾四人，徒二十人。

典丝，由下士二人为官长；下辖府二人，史二人，贾四人，徒十二人。

典枲，由下士二人为官长；下辖府二人，史二人，徒二十人。

内司服，由女御二人兼领其事，下辖宦官一人，奚八人。

缝人，由女御八人兼领其事，下辖宦官二人，女工八十人，奚三十人。

染人，由下士二人为官长；下辖府二人，史二人，徒二十人。

追师，由下士二人为官长；下辖府一人，史二人，工二人，徒四人。

屦人，由下士二人为官长；下辖府一人，史一人，工八人，徒四人。

夏采，由下士四人为官长；下辖史一人，徒四人。

【原文】

大宰

大宰之職，掌建邦之六典，以佐王治邦國。一曰治典，以經邦國，以治官府，以紀萬民。二曰教典，以安邦國，以教官府，以擾萬民。三曰禮典，以和邦國，以統百官，以諧萬民。四曰政典，以平邦國，以正百官，以均萬民。五曰刑典，以詰邦國，以刑百官，以糾萬民。六曰事典，以富邦國，以任百官，以生萬民。

以八灋治官府。一曰官屬，以舉邦治。二曰官職，以辨邦治。三曰官聯，以會官治。四曰官常，以聽官治。五曰官成，以經邦治。六曰官灋，以正邦治。七曰官刑，以糾邦治。八曰官計，以弊邦治。

以八則治都鄙。一曰祭祀，以馭其神。二曰灋則，以馭其官。三曰廢置，以馭其吏。四曰禄位，以馭其士。五曰賦貢，以馭其用。六曰禮俗，以馭其民。七曰刑賞，以馭其威。八曰田役，以馭其衆。

以八柄詔王馭羣臣。一曰爵，以馭其貴。二曰禄，以馭其富。三曰予，以馭其幸。四曰置，以馭其行。五曰生，以馭其福。六曰奪，以馭其貧。七曰廢，以馭其罪。八曰誅，以馭其過。

以八統詔王馭萬民。一曰親親，二曰敬故，三曰進賢，四曰使能，五曰保庸，六曰尊貴，七曰達吏，八曰禮賓。

以九職任萬民。一曰三農，生九穀。二曰園圃，毓草木。三曰虞衡，作山澤之材。四曰藪牧，養蕃鳥獸。五曰百工，飭化八材。六曰商賈，阜通貨賄。七曰嬪婦，化治絲枲。八曰臣妾，聚斂疏材。九曰閒民，無常職，轉移執事。

以九賦斂財賄。一曰邦中之賦，二曰四郊之賦，三曰邦甸之賦，四曰家削之賦，五曰邦縣之賦，六曰邦都之賦，七曰關市之賦，八曰山澤之賦，九曰幣餘之賦。

以九式均節財用。一曰祭祀之式，二曰賓客之式，三曰喪荒之式，四曰羞服之式，五曰工事之式，六曰幣帛之式，七曰芻秣之式，八曰匪頒之式，九曰好用之式。

以九貢致邦國之用。一曰祀貢，二曰嬪貢，三曰器貢，四曰幣貢，五曰材貢，六曰貨貢，七曰服貢，八曰斿貢，九曰物貢。

以九兩繫邦國之民。一曰牧，以地得民。二曰長，以貴得民。三曰師，以賢得民。四曰儒，以道得民。五曰宗，以族得民。六曰主，以利得民。七曰吏，以治得民。八曰友，以任得民。九曰藪，以富得民。

正月之吉，始和布治於邦國都鄙，乃縣治象之法於象魏，使萬民觀治象，挾日而斂之。乃施典於邦國，而建其牧，立其監，設其參，傅其伍，陳其殷，置其輔。乃施則於都鄙，而建其長，立其兩，設其伍，陳其殷，置其輔。乃施灋於官府，而建其正，立其貳，設其攷，陳其殷，置其輔。凡治，以典待邦國之治，以則待都鄙之治，以灋待官府之治，以官成待萬民之治，以禮待賓客之治。

祀五帝，則掌百官之誓戒，與其具脩。前期十日，帥執事而卜日，遂戒。及執事眡滌濯，及納亨，贊王牲事。及祀之日，贊玉幣爵之事。祀大神示亦如之。享先王亦如之。贊玉几、玉爵。大朝覲會同，贊玉幣、玉獻、玉几、玉爵。大喪，贊贈玉、含玉。作大事，則戒於百官，贊王命。王眡治朝，則贊聽治。眡四方之聽朝，亦如之。凡邦之小治，則冢宰聽之。待四方之賓客之小治。歲終，則令百官府各正其治，受其會，聽其致事，而詔王廢置。三歲，則大計羣吏之治而誅賞之。

【译文】

大宰的职责是掌管制定和颁行王国的六典，以辅佐天子治理天下各国。所谓六典，第一是治典，用来统治天下各国，治理百官，管理百姓。第二是教典，用来安定天下各国，教训百官，驯顺百姓。第三是礼典，用来协和天下各国，统驭百官，敦睦百姓。第四是政典，用来平服天下各国，使百官恪尽职守，百姓的赋税公平合理。第五是刑典，用来禁止天下各国的犯上作乱，惩罚恶吏，纠察百姓。第六是事典，用来富强天下各国，使百官都能建功立业，百姓都能安居乐业。

用八法来管理官府。第一是官属，借以使治理王邦的机构、人员齐备。第二是官职，借以使各个官府职责明确。第三是官联，借以使有关官府联合起来，协力完成国家大事。第四是官常，借以使各个官府做好本职工作。第五是官成，借以使上级了解下级的工作。第六是官法，借以使百官知所遵循，不可乱来。第七是官刑，借以督察百官，使之尽心王事。第八是官计，借以考核百官，从而作出赏罚的决断。

用八则来治理都鄙。第一是祭祀，借以控制其所供奉的神祇的尊卑多少。第二是法则，借以控制其所设官吏是否僭上逾等。第三是废置，借以控制其对所设官吏的随意升降任免。第四是禄位，借以控制其对有道德、有学问者的随意任用。第五是赋贡，借以控制其财政税收。第六是礼俗，借以控制其对民众的不良影响。第七是刑赏，借以控制其擅自作威作福。第八是田役，借以控制其对民众的随意征调役使。

以八柄辅佐天子驾驭群臣。第一是爵位，借以使得到爵位者知道是谁使他变得尊贵。第二是俸禄，借以使得到俸禄者知道是谁使他变得富有。第三是赐予，借以使得到赐予者知道是谁使他受到宠幸。第四是提拔使用，借以使得到提拔者知道如何砥砺品行。第五是赦其死罪，借以使得到赦免者知道是谁使他活了下来。第六是抄没家产，借以使被抄家者知道是谁使他一贫如洗。第七是削职为民，借以使被削职者知道是谁使他得罪。第八是处以死刑，借以使被处死者知道是谁使他大祸临头。

以八统辅佐天子管理臣民。第一是亲近九族，第二是敬重故旧，第三是举荐有善行的人，第四是任用多才多艺的人，第五是奖励有功的人，第六是尊敬有声望有地位的人，第七是察举勤劳的小吏，第八是礼貌接待来朝的诸侯。

用九种职业来任使天下百姓。第一是三农，让他们生产各种谷物。第二是园圃，让他们培育各种瓜果蔬菜。第三是虞衡，让他们开发山林川泽的资源。第四是薮牧，让他们养育繁殖鸟兽。第五是百工，让他们对珍珠、象牙、玉料、石料、木料、金属、兽革、鸟羽进行加工并制成成品。第六是商贾，让他们繁荣市场和流通货物。第七是妇女，让她们缫丝绩麻，织造布帛。第八是臣妾，让他们采集野生草木的果实。第九是闲民，没有固定的职业，到处流动，给人家打工。

通过征收九种土地税来筹措经费。第一是王城之内的土地税，第二是四郊之内的土地税，第三是邦甸之内的土地税，第四是家削之内的土地税，第五是邦县之内的土地税，第六是邦都之内的土地税，第七是由司关、司市负责征收的赋税，第八是山林川泽的土地税，第九是官府每年结余的经费。

用九种使用经费的法规来平衡和节制财政支出。第一是祭祀使用经费的法规，第二是接待宾客使用经费的法规，第三是办理丧事和荒年赈灾使用经费的法规，第四是置备天子的饮食、衣服、仪仗使用经费的法规，第五是各种工匠制造器物使用经费的法规，第六是置备聘问所用礼品使用经费的法规，第七是饲养牛马所需草料使用经费的法规，第八是天子给臣下分发俸禄、稍食和惯例性赐予使用经费的法规，第九是天子随心所欲地赏赐使用经费的法规。

用九种纳贡方法使各诸侯国向天子进献物品。第一是让他们进献祭祀所需的物品，第二是让他们进献接待宾客所需的物品，第三是让他们进献宗庙所需的礼器，第四是让他们进献聘问时所需的馈赠物品，第五是让他们进献各种木材，第六是让他们进献金玉龟贝之类的物品，第七是让他们进献缝制礼服所需的布料，第八是让他们进献有玩赏价值的物品，第九是让他们进献本地特产。

用九种协调两方关系的方法来使天下万民互相联系。第一是有地之君，以其拥有土地而得到当地民众的拥护。第二是官长，以其尊贵的地位而得到部下的敬重。第三是传道的教师，以其贤德而得到弟子的爱戴。第四是授业的先生，以其才能而得到学生的爱戴。第五是族长，以其能够团结敦睦族人而得到族人的敬爱。第六是主人，以其能够为客人提供便利而得到客人的感激。第七是各级官吏，以其良好政绩而得到百姓的爱戴。第八是朋友，以其信誉而得到对方的信任。第九是负责管理山林川泽的人，以其能够让百姓开发利用其资源而得到百姓的赞许。

每年的正月初一，开始向普天之下的臣民宣布治典，其方法是把写有治典的木板悬挂到王宫大门的双阙之上，让万民观看，十天以后再把它收藏起来。此后就在畿外的邦国实施治典，为此目的而任命管辖一州的州长，设立统治一国的国君，设立辅佐国君理事的三卿，设立协助三卿理事的五大夫，设置协助五大夫理事的众上士，配备辅佐众上士理事的府、史。又在畿内的都鄙实施八则，为此目的而设立每个采邑的君长，设立辅佐君长的两卿，设立协助两卿理事的五大夫，设立协助五大夫理事的众上士，配备辅佐众上士理事的府、史。又在各个官府实施八法，为此目的而设立六官每官的首长，设立每官首长的副手，设立协助正副首长理事的第三把手，设立

协助上级理事的众士，配备辅佐众士理事的府、史。凡治理政务，一定要遵照治典去治理邦国，遵照八则去治理都鄙，遵照八法去治理官府，遵照八成去治理万民，遵照宾礼去接待诸侯。

天子祭祀五帝时，大宰负责对参加祭祀的百官进行约束警戒，以防失礼，还要监督百官，以期保证祭器、祭品一样不缺，保证祭祀场地整齐清洁。在举行祭祀前的十天，大宰要率领有关官员占卜祭祀时日的吉凶，占卜的结果如果吉利，就告诉百官开始斋戒。并与有关官员一道，视察祭器和炊具的洗涤。等到祭祀当天早晨天子亲自牵进牺牲时，大宰要跟在后面帮忙。到了祭祀当天天气大亮时，大宰要手执瑞玉、皮帛和匏爵跟在天子后面，以备天子亲自礼神时，把瑞玉、皮帛递过去。天子亲酌献尸时，把匏爵递过去。天子祭祀天地时，大宰负责的事情也是这些。天子祭祀列祖列宗时，大宰负责的事情也是这些，不同的是还要协助天子放好让神凭依的玉几，当天子亲酌献尸时把玉爵递过去。在朝觐会同的重大场合，大宰首先要协助天子接受诸侯晋见时所携带的玉币和玉献，其次还要为天子准备好玉几和玉爵。天子去世，大宰要协助嗣位的天子为死者赠玉、含玉。天子兴兵征伐，大宰要告诫百官，协助天子施行教令。天子临朝听政，大宰要协助天子裁决。天子十二岁一巡守，当其在到达国家临朝听政时，大宰也要协助天子裁决。

凡是王国政务上的小事，可以由冢宰做主处理，例如接待四方宾客一类的小事。年终，大宰要命令所有的官府都整理其办公文件，接受他们的总结报告，写出考核评语，而后提请天子或者予以罢退，或者予以提升。每过三年，大宰要对内外大小百官进行一次全面考核，而后提请天子或者予以惩罚，或者予以奖励。

小宰

【原文】

小宰之職，掌建邦之宫刑，以治王宫之政令，凡宫之糾禁。掌邦之六典、八灋、八則之貳，以逆邦國、都鄙、官府之治。執邦之九貢、九賦、九式之貳，以均財節邦用。

以官府之六敘正羣吏。一曰以敘正其位，二曰以敘進其治，三曰以敘作其事，四曰以敘制其食，五曰以敘受其會，六曰以敘聽其情。

以官府之六屬舉邦治。一曰天官，其屬六十，掌邦治，大事則從其長，小事則專達。二曰地官，其屬六十，掌邦教，大事則從其長，小事則專達。三曰春官，其屬六十，掌邦禮，大事則從其長，小事則專達。四曰夏官，其屬六十，掌邦政，大事則從其長，小事則專達。五曰秋官，其屬六十，掌邦刑，大事則從其長，小事則專達。六曰冬官，其屬六十，掌邦事，大事則從其長，小事則專達。

以官府之六職辨邦治。一曰治職，以平邦國，以均萬民，以節財用。二曰教職，以安邦國，以寧萬民，以懷賓客。三曰禮職，以和邦國，以諧萬

民，以事鬼神。四曰政職，以服邦國，以正萬民，以聚百物。五曰刑職，以詰邦國，以糾萬民，以除盜賊。六曰事職，以富邦國，以養萬民，以生百物。

以官府之六聯合邦治。一曰祭祀之聯事，二曰賓客之聯事，三曰喪荒之聯事，四曰軍旅之聯事，五曰田役之聯事，六曰斂弛之聯事。凡小事皆有聯。

以官府之八成經邦治。一曰聽政役以比居，二曰聽師田以簡稽，三曰聽閭里以版圖，四曰聽稱責以傅別，五曰聽禄位以禮命，六曰聽取予以書契，七曰聽賣買以質劑，八曰聽出入以要會。

以聽官府之六計弊羣吏之治。一曰廉善，二曰廉能，三曰廉敬，四曰廉正，五曰廉灋，六曰廉辨。

以灋掌祭祀、朝覲、會同、賓客之戒具，軍旅、田役、喪荒亦如之。七事者，令百官府共其財用；治其施舍，聽其治訟。凡祭祀，贊王幣爵之事，祼將之事。凡賓客贊祼，凡受爵之事，凡受幣之事。喪荒，受其含襚幣玉之事。

月終，則以官府之叙，受羣吏之要。贊冢宰受歲會。歲終，則令羣吏致事。正歲，帥治官之屬，而觀治象之灋，徇以木鐸，曰：「不用灋者，國有常刑。」乃退，以宮刑憲，禁於王宮。令於百官府曰：「各修乃職，攷乃灋，待乃事，以聽王命。其有不共，則國有大刑。」

【译文】

小宰的职责，掌管制定和颁布王国宫中的刑法，以推行王宫的政令，并负责宫中所有不良现象的纠察和禁止。掌管王国六典、八法、八则的副本，用来考核畿外邦国、畿内都鄙、各级官府的政绩；掌管王国九贡、九赋、九式的副本，以平衡、节制王国的财政。

用官府的六叙使内外百官做到先尊后卑而井然有序。第一是根据爵位的尊卑来排定百官朝位，第二是根据爵位的尊卑来安排百官上报政绩文书的递进先后，第三是根据爵位的尊卑来决定百官承担任务的轻重，第四是按照工作的繁忙轻闲来规定小吏的月薪，第五是根据爵位的尊卑来安排百官总结汇报的先后，第六是根据爵位的尊卑来决定听取百官反映情况的先后。

把所有的官府分为六个系统，以全面完成对王国的治理。第一个是天官系统，下设六十个部门，掌管王国治典的推行；每一部门的首长，遇到大事要听从其上级长官的指挥，遇到小事可以自行处置，直接对天子负责。第二个是地官系统，下设六十个部门，掌管王国教典的推行；每一部门的首长，遇到大事要听从其上级长官的指挥，遇到小事可以自行处置，直接对天子负责。第三个是春官系统，下设六十个部门，掌管王国礼典的推行；每一部门的首长，遇到大事要听从其上级长官的指挥，遇到小事可以自行处置，直接对天子负责。第四个是夏官系统，下设

六十个部门，掌管王国政典的推行；每一部门的首长，遇到大事要听从其上级长官的指挥，遇到小事可以自行处置，直接对天子负责。第五个是秋官系统，下设六十个部门，掌管王国刑典的推行；每一部门的首长，遇到大事要听从其上级长官的指挥，遇到小事可以自行处置，直接对天子负责。第六个是冬官系统，下设六十个部门，掌管王国事典的推行；每一部门的首长，遇到大事要听从其上级长官的指挥，遇到小事可以自行处置，直接对天子负责。

根据官府的六项职能来明确六官在王国治理过程中的不同责任。第一是天官的治理职能，负责治理天下各国，平均百姓的负担，调节王国的财用；第二是地官的教育职能，负责安定天下各国，使百姓安宁，使宾客感到如同在家一般；第三是春官的礼仪职能，负责协和天下各国，使百姓敦睦，使天神、人鬼、地祇都得到应有的祭祀；第四是夏官的军事职能，负责威服天下各国，使百姓循规蹈矩，征集各地的贡品；第五是秋官的刑罚职能，负责制止各国犯上作乱，督察百姓，消灭盗贼；第六是冬官的营造职能，负责使天下富足，百姓都能安居乐业，营造各种物品。

以官府在六个方面的联合办事来把王国的大事办好。第一是在祭祀方面的联合办事，第二是在接待宾客方面的联合办事，第三是在办理丧事和荒年赈灾方面的联合办事，第四是在军旅方面的联合办事，第五是在田猎征调民众方面的联合办事，第六是在聚敛财物和散发救济方面的联合办事。除此以外，还有许多小事也需要联合办理。

以官府的八种有据可查的文书来处理人们的纠纷。第一种文书是伍籍，据以处理在征用民工方面发生的纠纷；第二种文书是简稽，据以处理在军旅、田猎方面发生的纠纷；第三种文书是版图，据以处理闾里居民在户口迁移和土地所有权方面发生的纠纷；第四种文书是借券，据以处理人们在借贷方面发生的纠纷；第五种文书是礼命，据以处理官员们在俸禄的多寡、朝位的前后方面发生的纠纷；第六种文书是书契，据以处理人们在财物的取了没取、给了没给一类事情上发生的纠纷；第七种文书是质剂，据以处理人们在买卖方面发生的纠纷；第八种文书是统计簿，据以处理官府财物在出出进进方面发生的纠纷。

根据治理官府的六条考核标准来评价每个官员的治绩。第一是考察其是否有良好的声誉，第二是考察其是否有贯彻政令的能力，第三是考察其是否有恪尽职守的态度，第四是考察其是否品行端正，第五是考察其是否守法不打折扣，第六是考察其是否能够明辨是非。

按照礼法的惯例，在朝觐、会同和接待宾客时，负责对百官的约束警戒，督促有关部门，以保证做到一应物品应有尽有。如有军事行动、田猎、大丧、荒年，所负的责任也是这些。遇到上面的七类事情，就命令有关官府供给其财用，处理他们的豁免徭役的问题，听断他们的陈请和争讼。遇到天子祭祀五帝和天地时，大宰应协助天子以瑞玉、皮帛礼神，此时，小宰应充当大宰的帮手；遇到天子祭祀列祖列宗时，小宰要协助天子酌酒献尸以灌地降神。凡有接待诸侯之事，当大宗伯代表天子向诸侯敬献郁鬯香酒时，小宰要从旁协助；当诸侯向天子回敬酒时，天子饮

毕，将杯子递给大宰，此时，小宰应把杯子从大宰手中接过来。遇到天子去世，负责接受诸侯及大臣为助丧而赠送的含玉和衣被；遇到荒年，负责接受诸侯用以致送救灾物资的币玉。

每月月底，要以官府的尊卑为序接受所有官员呈报的当月工作总结。每年年底，要协助大宰接受各个官府的年终总结，命令所有官员呈报一年来的工作成绩。每年正月，率领天官属下的所有官员前去观看悬挂在王宫大门双阙上的治典，并且手摇木铎，当众大声警告：「如果不依法行事，将根据国法的相应条款加以惩处。」事毕而退，又将王国宫中的刑法禁令悬挂公布于王宫，并向所有的官府逐一戒敕说：「各自都要恪尽职守，注意自己应当遵守的法规，完善自己的工作，并听从天子的命令。如果发现有谁玩忽职守，将受到国家的重刑惩罚。」

【原文】

宰夫

宰夫之職，掌治朝之灋，以正王及三公、六卿、大夫、羣吏之位，掌其禁令。敘羣吏之治，以待賓客之令、諸臣之復、萬民之逆。

掌百官府之徵令，辨其八職。一曰正，掌官灋以治要。二曰師，掌官成以治凡。三曰司，掌官灋以治目。四曰旅，掌官常以治數。五曰府，掌官契以治藏。六曰史，掌官書以贊治。七曰胥，掌官敘以治敘。八曰徒，掌官令以徵令。

掌治灋以攷百官府、羣都縣鄙之治，乘其財用之出入。凡失財用、物辟名者，以官刑詔冢宰而誅之。其足用、長財、善物者，賞之。

以式灋掌祭祀之戒具，與其薦羞，從大宰而眂滌濯。凡禮事，贊小宰比官府之具。凡朝覲、會同、賓客，以牢禮之灋，掌其牢禮、委積、膳獻、飲食、賓賜之飧牽，與其陳數。凡邦之弔事，掌其戒令，與其幣器財用，凡所共者。大喪、小喪，掌小官之戒令，帥執事而治之。三公、六卿之喪，與職喪帥官有司而治之。凡諸大夫之喪，使其旅帥有司而治之。

歲終則令羣吏正歲會，月終則令正月要，旬終則令正日成，而以攷其治。治不以時舉者，以告而誅之。正歲，則以灋警戒羣吏，令修宮中之職事。書其能者與其良者，而以告於上。

【译文】

宰夫的职责，掌管治朝的法令，在群臣朝见天子时，保证天子及三公、六卿、大夫、群吏都各就各位，维持朝堂秩序，纠察违背禁令的现象。安排好群吏的职事，以转呈朝聘宾客向朝廷提出的陈诉、请求，群臣的奏事、百姓的上书。

掌管辨别所有官府在编人员的八种职守，以备天子的征召和使令。第一是正的职守，他们负责按照官法的要求对本部门工作做出全年安排。第二是师的职守，他们负责按照官成的要求

对本部门工作做出每月的安排。第三是司的职守，他们负责按照官法的要求对本部门工作做出每天的安排。第四是旅的职守，他们负责按照官常的要求对本部门工作做出每件事情的安排。第五是府的职守，他们负责保管官府的契约和财物。第六是史的职守，他们负责草拟文件以赞助治理。第七是胥的职守，他们负责按照官府中事务的轻重缓急以妥善安排属下的差使。第八是徒的职守，他们负责按照上级的命令听候征召和使唤。

掌管根据治法来考核所有官府、所有采邑和公邑的治绩，审计他们在钱谷货物上面收入和支出的情况。凡是支出失当、账目不实者，就要根据国法申报冢宰加以惩治。如果收支相抵而尚有结余、经营有方而钱谷增多、生产的物品质量精美者，就要予以奖赏。

按照祭祀使用经费的法规，掌管告诫有关官员应该供给的祭品与荐羞，跟随大宰视察祭器、炊具的洗涤。凡有行礼之事，都要协助小宰考核评比有关官府的物资供应情况。凡有朝觐、会同、宾客之事，要按照接待客人的礼数，掌管应该供给客人的牢礼、委积、膳献、饮食和飨牵，以及这些礼品的如何摆放和数量多少。凡是天子派人去吊唁诸侯、天子亲自去吊唁大臣，掌管将注意事项告诫使者和天子的随从，并告诫有关部门准备好应该提供的赙金、明器和其他助葬用品。遇到大丧、小丧，掌管将注意事项告诫小官，并率领有关部门共同操办丧事。遇到三公、六卿去世，就和职丧一道率领有司共同操办丧事。凡大夫去世，也率有司来操办。

每到年终，就要命令冢宰属下的所有官员做好全年的工作总结；每到月底，就要命令冢宰属下所有官员做好当月的工作总结；一旬结束，就要命令冢宰属下所有官员做好这十天的工作总结，以此作为考核他们治绩优劣的根据。对于那些属于本职工作而又不能按时完成者，就要报告上级给予处分。每年正月，要以法令的形式提醒和告诫冢宰属下的所有官员，责成他们努力搞好王宫中与本职有关的事。记下他们中间的有才能者和治绩优良者，呈报上级，加以举荐。

【原文】

宫 正

宫正掌王宫之戒令、糾禁。以時比宫中之官府、次舍之衆寡，爲之版以待。夕擊柝而比之。國有故則令宿，其比亦如之。辨外内而時禁。稽其功緒，糾其德行，幾其出入，均其稍食。去其淫怠與其奇衺之民。會其什伍而教之道藝。月終則會其稍食，歲終則會其行事。凡邦之大事，令於王宫之官府舍次，無去守而聽政令。春秋，以木鐸修火禁。凡邦之事，蹕宫中廟中，則執燭。大喪，則授廬舍，辨其親疏貴賤之居。

【译文】

宫正的职责是将王宫中应该注意的事项通令于众。按时检查在宫中上班的官员和在宫中值夜的官员是否到齐，并且事先造好上述人员的花名册以备点名检查，每天夜里敲着梆子，一方

面警戒守备，一方面检查值夜的人是否懈惰。国家如果发生了特殊情况，就要命令所有的宫内官员贵族子弟进宫宿卫，而且和平常一样，也要点名检查和敲梆警戒。要辨别宫外之人和宫内之人，不到规定的时间，宫外之人不得进，宫内之人不得出。要考察宫内官员和贵族子弟已经完成的工作和正在进行的工作，纠正他们在德行上的偏失，检查他们的出出进进，及时调整他们的月俸，宫中官员的子弟如有举止放荡、做事懒散、行为邪门外道者，就将其驱逐出宫，将在宫中服务的贵族子弟按军队编制组织起来，用礼、乐、射、驭、书、数的技艺教育他们。每月月底，要统计一下宫中官员的月俸数额；每年年底，要总结一下他们的工作成绩。如果国家发生了敌寇入侵或王、后太子去世一类的大事，就要命令所有在宫中上班的官员和值夜的官员不得擅离职守，随时听候命令。每年的春季秋季，摇动木铎，提醒宫中上下人等严防火灾。凡宫中、庙中的祭祀活动，如果天子亲自参加，需要清道禁绝行人，就由宫正负责执烛照明。国有大丧，则负责分配倚庐和垩室，按照群臣的亲疏贵贱，分别予以适当安排。

宫伯

【原文】

宫伯掌王宫之士、庶子凡在版者，掌其政令，行其秩叙，作其徒役之事。授八次、八舍之職事。若邦有大事作宫衆，則令之。月終則均秩，歲終則均叙。以時頒其衣裘，掌其誅賞。

【译文】

宫伯的职责是掌管所有在册的负责宿卫王宫的贵族子弟，掌管管理这些贵族子弟的政令，安排他们轮流换班宿卫的顺序，派遣他们到太子那里从事劳役，分配他们宿卫上岗的哨位和下班以后的休息地点。如果国家发生了大事，需要征调宿卫王宫的贵族子弟，就要向他们下达命令。为了劳逸平均，月终要调整一次他们换班宿卫的次序，年终也要调整一次他们换班宿卫的次序。按照不同的季节，向他们颁发不同的衣服。掌管对他们的赏罚。

膳夫

【原文】

膳夫掌王之食、飲、膳、羞，以養王及后、世子。凡王之饋食用六穀，膳用六牲，飲用六清，羞用百有二十品，珍用八物，醬用百有二十甕。王日一舉，鼎十有二，物皆有俎。以樂侑食。膳夫授祭，品嘗食，王乃食。卒食，以樂徹於造。王齊，日三舉。大喪則不舉，大荒則不舉，大札則不舉，天地有災則不舉，邦有大故則不舉。王燕食，則奉膳、贊祭。凡王祭祀、賓客食，則徹王之胙俎。凡王之稍事，設薦脯醢。王燕飲酒，則爲獻主。掌后及世子之膳羞。凡肉脩之頒賜，皆掌之。凡祭祀之致福者，受而膳之，以摯見者亦如之。歲終則會，唯王及后、世子之膳不會。

【译文】

膳夫的职责是掌管天子伙食所需的主食、饮料、牲肉和庶馐，用以供养天子、王后和太子。向天子进献的食品计有：主食用六种谷物，肉食用六种家畜和家禽，饮料有六种，庶馐有一百二十种，最高档的食品有八种，酱用一百二十瓮。天子每天的高标准早餐都要宰杀牲畜，各种肉食和庶馐共有十二鼎，每只鼎都配有放置鼎实的俎。天子吃饭时要奏乐劝食，饭前还要进行食前之祭，食前之祭所用的食物则由膳夫准备好了以后递给天子。膳夫要把各种食物都尝一尝，然后天子才开始进食。天子吃过以后，要奏起乐曲，由膳夫把吃剩下的食物撤到厨房里，以备下顿热了以后再吃。天子在斋戒期间，每天的三顿饭都要宰杀牲畜。如果遇到王后、太子、大臣去世，天子吃饭就不杀牲；遇到荒年，也不杀牲。遇到天子家里大婚之事，也不杀牲，有天灾人祸或是国家有灾难也不杀牲。到了天子要吃午饭、晚饭时，膳夫要把早饭剩下的食物加热以后端上来，并且帮助天子进行食前之祭。凡是天子因小事而饮酒时，膳夫要摆上下酒的小菜。在天子设宴招待客人饮酒时，膳夫要代替天子做主人向客人敬酒。膳夫还要负责王后和太子伙食所需要的牲肉和各种美味的菜肴。凡是天子向臣下颁赐鲜肉、肉脯的事，都由膳夫掌管。凡是把自己祭祀用的牲肉奉献给天子时，由膳夫负责接受并将其充任天子餐桌上的肉食。来晋见天子者所带贽见礼，也由膳夫负责接受并充做天子餐桌上的食品。每到年终，要把一年来颁赐群臣鲜肉、肉脯的数量加以统计，但天子、王后、太子的膳食费用则不加统计。

庖人

【原文】

庖人掌共六畜、六獸、六禽，辨其名物。凡其死、生、鮮、薨之物，以共王之膳，與其薦羞之物，及后、世子之膳羞。共祭祀之好羞，共喪紀之庶羞、賓客之禽獻。凡令禽獻，以灋授之，其出入亦如之。凡用禽獻，春行羔豚，膳膏香；夏行腒鱐，膳膏臊；秋行犢麛，膳膏腥；冬行鮮羽，膳膏羶。歲終則會，唯王及后之膳禽不會。

【译文】

庖人的职责是掌管六种牲畜、六种野兽、六种家禽，辨别每一种东西叫什么名字，有什么特点。这些牲畜、野兽、家禽，无论它是死的活的鲜的干的，都用来供应天子膳食所需的肉食和种种美味佳肴，以及王后、太子伙食所需的种种美味佳肴。此外还要供应祭祀所用的难得的珍味，供应丧祭所需的种种美味佳肴，供应接待来朝聘的宾客所需的禽兽。凡是宾客到达以后，庖人就要根据客人的身份开出所需禽兽的数量，并命令兽人照单供应；兽人取来禽兽以后，庖人要照单点验；宰夫取走这些禽兽时，庖人也要照单点验一番。凡是烹调禽兽献给天子，要因时制宜：春天适宜吃小羊、小猪，用牛油来烹调；夏天适宜吃干雉、干鱼，用狗油来烹调；秋天适宜吃小牛、小鹿，用猪油来烹调；冬天适宜吃鱼和鹅，用羊油来烹调。每到年终，要统计一下全

年所用的牲畜、野兽、家禽的数量，但为天子和王后特意烹调的当令禽兽不需统计。

【原文】

内 饔

内饔掌王及后、世子膳羞之割亨煎和之事，辨體名、肉物，辨百品味之物。王舉，則陳其鼎俎，以牲體實之。選百羞、醬物、珍物以俟饋。共后及世子之膳羞。辨腥、臊、羶、香之不可食者。牛夜鳴則庮。羊泠毛而毳，羶。犬赤股而躁，臊。鳥皫色而沙鳴，貍。豕盲眡而交睫，腥。馬黑脊而般臂，螻。凡宗廟之祭祀，掌割亨之事。凡燕飲、食亦如之。凡掌共羞、脩、刑、膴、胖、骨、鱐，以待共膳。凡王之好賜肉脩，則饔人共之。

【译文】

内饔的职责是掌管天子、王后和太子所食牲肉和庶馐的割剥、煮熟、烹调之事，辨别牲体的各个部分都叫什么名字，辨别内脏和肉皮的名称，辨别众多美味佳肴都叫什么名字。天子进食杀牲的盛馔时，就要负责鼎俎的陈设，先把牲肉放在镬内煮熟，然后再捞到鼎中，然后再盛到俎上。事先挑选好天子喜欢吃的各种美味、醋和肉酱以及最高档的食品，以备进献。还要供应王后和太子膳食所需的肉食及美味佳肴。负责辨别有腥臊膻香等怪味的不能吃的食品。牛经常在夜里鸣叫的，它的肉一定有股烂木头的怪味。羊的毛比较稀少而且结成疙瘩的，它的肉一定膻味厉害。狗的大腿内侧无毛而且走动急躁的，它的肉一定有股臊味。鸟的羽毛暗淡无色而且叫声沙哑的，它的肉一定有股腐烂的臭味。猪的两眼老是向着远处看而且上下睫毛胡乱交叉的，它的肉一定有腥味。马的脊背发黑并且前腿毛色杂乱的，它的肉一定有股蝼蛄般的臭味。凡是祭祀宗庙的时候，内饔负责牲体的剐解和烹煮，天子、王后和太子自个儿饮酒和进餐时，也由内饔负责牲体的剐解和烹煮。每顿饭都要先把美味佳肴、肉脯、既加佐料又加菜的肉汁、切成薄片的大块肉、生肉片、剐解好的牲体、干鱼等备齐，以备天子膳食所需。凡是天子特赐臣下的生肉和肉脯，也由内饔负责供应。

【原文】

外 饔

外饔掌外祭祀之割亨，共其脯、脩、刑、膴，陳其鼎俎，實之牲體、魚、腊。凡賓客之飧、饔、饗食之事，亦如之。邦饗耆老、孤子，則掌其割亨之事。饗士、庶子亦如之。師役，則掌共其獻、賜脯肉之事。凡小喪紀，陳其鼎、俎而實之。

【译文】

外饔的职责是掌管外祭祀所用牲肉的割剐和烹煮，供应外祭祀所需的肉脯、加入姜桂后制成的肉干、既加佐料又加菜的肉汤、切成薄片的大块肉，陈设外祭祀所用的鼎俎，并且将牲体、鲜

鱼、干肉分别装进鼎俎。凡是为来朝聘的诸侯、卿大夫等设接风便宴，向他们馈赠饔饩，为他们举行正式宴会，也要像掌管外祭祀那样地掌管其事。国家设宴慰劳老人和烈士子女，外饔就要负责宴会所需牲肉的割剔烹煮之事。如果国家设宴招待王宫的卫士，外饔也要负责这类事情。遇到出师征伐和巡守田猎，就要负责供应慰劳有功将士的酒和赐给他们的肉脯、鲜肉。凡是小丧事的奠祭，负责陈设鼎俎，并且将祭品装进鼎俎。

【原文】

亨人

亨人掌共鼎鑊，以給水火之齊。職外、內饔之爨亨煮，辨膳羞之物。祭祀共大羹、鉶羹。賓客亦如之。

【译文】

亨人的职责是掌管煮肉用的鼎镬，掌握煮肉时需要加多少水、煮到什么火候才合适。负责外饔、内饔灶上的烹煮工作，辨别用以制作肴馔的各种原料。祭祀的时候，负责供应大羹、铏羹。招待宾客的时候，也是如此。

【原文】

甸師

甸師掌帥其屬而耕耨王藉，以時入之，以共齍盛。祭祀，共蕭茅，共野

果蓏之薦。喪事，代王受眚災。王之同姓有辠，則死刑焉。帥其徒以薪蒸，役外、內饔之事。

【译文】

甸师的职责是掌管带领他的部下为天子耕种藉田，打下的粮食按时交纳，以保证供应天子祭祀所需的谷物。凡有祭祀之事，负责供应香蒿和菁茅。还负责供应近郊所产的瓜果，以备祭献宗庙。天子去世，要向藉田之神祈祷，表示引咎自责，愿意代替天子承受灾祸。天子的同姓有犯了死罪的，不是在市上人多之处公开执行，而是由甸师在郊外的隐僻之处执行。甸师还要带领他部下的徒众接受外饔、内饔的役使，为他们采集到足够用的薪柴。

【原文】

獸人

獸人掌罟田獸，辨其名物。冬獻狼，夏獻麋，春秋獻獸物。時田，則守罟。及弊田，令禽注於虞中。凡祭祀、喪紀、賓客，共其死獸、生獸。凡獸入於腊人，皮毛筋角入於玉府。凡田獸者，掌其政令。

【译文】

兽人的职责是掌管用网来捕获野兽，辨别所获野兽叫什么名字、有什么特点。冬天适宜进献狼，夏天适宜进献麋，春天和秋天，进献什么野兽都可以。春夏秋冬四季举行大规模畋猎活动

时，兽人负责守候在网旁，以备随时捉住触网的野兽。等到畋猎结束时，命令所有参加打猎的人都把所获野兽交纳到指定地点。凡遇到祭祀、丧祭、招待宾客一类事情，负责供应他们需要的死兽和活兽。凡是死兽都交给腊人，而兽皮、兽毛、兽筋、兽角等物则交给玉府。凡是小规模的畋猎活动，其政令完全由兽人负责。

【原文】

渔 人

漁人掌以時漁，爲梁。春獻王鮪。辨魚物，爲鮮薧，以共王膳羞。凡祭祀、賓客、喪紀，共其魚之鮮薧。凡漁者，掌其政令。凡漁征，入於玉府。

【译文】

渔人的职责是掌管根据捕鱼的季节在河中筑坝捕鱼。春天向宗庙进献大鲟鱼。鱼类繁多，渔人负责辨别什么鱼叫什么名字，有何特点；提供鲜鱼，以供应天子肴馔的需要。凡是祭祀、招待宾客、丧祭之事，负责供应鲜鱼和干鱼。凡是有关捕鱼的政令，都归渔人负责。打鱼税征收起来以后，要全部交给玉府。

【原文】

鱉 人

鱉人掌取互物，以時簎魚鱉龜蜃，凡貍物。春獻鱉蜃，秋獻龜魚。祭祀，共蠯、蠃、蚳，以授醢人。掌凡邦之簎事。

【译文】

鳖人的职责是掌管捕捉龟鳖蛤蚌等甲壳类动物。按照季节用叉刺取鱼鳖龟蜃和一切潜伏在泥中的水生动物。春季进献鳖和蜃，秋季进献龟和鱼。遇到祭祀，负责供应河蚌、螺蛳、蚁卵，将此三者授予醢人以便制作肉酱。国家凡是有关用叉刺取鱼鳖龟蜃等物的政令，都归鳖人负责。

【原文】

腊 人

腊人掌乾肉，凡田獸之脯、腊、膴、胖之事。凡祭祀，共豆脯、薦脯、膴、胖，凡腊物。賓客、喪紀，共其脯腊，凡乾肉之事。

【译文】

腊人的职责是掌管制作干肉，将猎获的禽兽或者加工成肉脯或者整个风干。凡是遇到祭祀，负责供应加笾和羞笾所用的干肉片、朝事之笾和馈食之笾所用的干肉片、切成薄片的大块肉、生肉片，以及一切所需的干肉。遇到招待宾客以及丧事的祭祀，负责供应肉脯、风干的整体小兽，以及一切所需的干肉。

【原文】

醫師

醫師掌醫之政令，聚毒藥以共醫事。凡邦之有疾病者，有疕瘍者造焉，則使醫分而治之。歲終，則稽其醫事，以制其食：十全爲上，十失一次之，十失二次之，十失三次之，十失四爲下。

【译文】

医师的职责是掌握医疗方面的政令，采集种种气性酷烈的药材以供医疗之用。凡国内有疾病者、头上长疮身上受伤者，都到医师那里去，医师则根据患者的病情让专科医生分别为他们治疗。每到年底，考核这些专科医生的治疗效果并确定他们来年的薪俸：治愈率是百分之百的为上等，治愈率是百分之九十的为第二等，治愈率是百分之八十的为第三等，治愈率是百分之七十的为第四等，治愈率是百分之六十的为下等。

【原文】

食醫

食醫掌和王之六食、六飲、六膳、百羞、百醬、八珍之齊。凡食齊眡春時，羹齊眡夏時，醬齊眡秋時，飲齊眡冬時。凡和，春多酸，夏多苦，秋多辛，冬多鹹，調以滑甘。凡會膳食之宜，牛宜稌，羊宜黍，豕宜稷，犬宜粱，雁宜麥，魚宜苽。凡君子之食恒放焉。

【译文】

食医的职责是掌管把天子的六种主食、六种饮料、六种肉食、一百二十种美味佳肴、一百二十种酱菜、八种最珍贵的食品调配得当。食物的温热凉寒要根据食物的种类来决定：凡是饭类食品，要像春天那样的温；凡是羹类食品，要像夏天那样的热；凡是酱类的食品，要像秋天那样的凉；凡是饮料之类，要像冬天那样的寒。凡是调味，春天可以让酸味重一点，夏天可以让苦味重一点，秋天可以让辛味重一点，冬天可以让咸味重一点，但无论哪个季节，都要同时加些枣栗饴蜜，使其甘甜；再加些粉芡汤和蔬菜，使其柔滑。六种肉食和六种主食的搭配要做到使它们的味道相辅相成，具体地说就是：牛肉适宜和稻米搭配，羊肉适宜和黍子搭配，猪肉适宜和稷米搭配，狗肉适宜和粟米搭配，鹅肉适宜和麦子搭配，鱼肉适宜和雕胡搭配。凡是有身份的人都要仿照上述的做法调配膳食。

【原文】

疾醫

疾醫掌養萬民之疾病。四時皆有癘疾：春時有痟首疾，夏時有癢疥疾，秋時有瘧寒疾，冬時有嗽上氣疾。以五味、五穀、五藥養其病，以五氣、五聲、五色眡其死生。兩之以九竅之變，參之以九藏之動。凡民之有疾病

者，分而治之。死終則各書其所以，而入於醫師。

【译文】

疾医的职责是掌管治疗万民的大大小小的内科疾病。一年四季有时气不和引起的疾病：春天有头部酸痛的病，夏天有生疥长疮的病，秋天有时冷时热的疟疾病，冬天有咳嗽气喘的病。用五种味道的食品、五种谷物、五种药材为患者治疗疾病。判断患者的疾病有无凶险，首先要观察他的五气、五声、五色，其次要观察他的九窍开闭是否正常，最后还要通过切脉了解其九脏活动的情况。凡是来看病的人，疾医们分别为他们诊治。未能治愈而死亡的，疾医要逐个地记录其死亡原因，并呈报医师。

【原文】

瘍醫

瘍醫掌腫瘍、潰瘍、金瘍、折瘍之祝藥、劀、殺之齊。凡療瘍，以五毒攻之，以五氣養之，以五藥療之，以五味節之。凡藥，以酸養骨，以辛養筋，以鹹養脈，以苦養氣，以甘養肉，以滑養竅。凡有瘍者，受其藥焉。

【译文】

疡医的职责是掌管治疗红肿初起而尚未溃烂化脓的疮、已经溃烂化脓的疮、刀剑之伤、跌打之伤，该敷药的就敷药，该刮去脓血销蚀腐肉的就刮去脓血销蚀腐肉。凡是医治毒疮，可以先用五毒之药外敷，然后用五谷加以调养，用五种药材加以治疗，用五种味道的食品来促成药力。凡是用药，要以酸味的药补养骨头，以辛味的药补养筋腱，以咸味的药补养血脉，以苦味的药补养脏气，以甘味的药补养肌肉，以滑石通利九窍。凡是外伤病人，都到疡医那里去取药。

【原文】

獸醫

獸醫掌療獸病，療獸瘍。凡療獸病，灌而行之，以節之，以動其氣，觀其所發而養之。凡療獸瘍，灌而劀之，以發其惡，然後藥之，養之，食之。凡獸之有病者，有瘍者，使療之，死則計其數，以進退之。

【译文】

兽医的职责是掌管治疗牛马等牲畜的内部疾病和外部疮痈。凡治疗牲畜的内部疾病，要先灌饮汤药，然后牵着它或快或慢地行走，使其脉气发动，观察病在什么地方而后加以调治。凡治疗牲畜的外部疮痈，要先灌饮汤药，而后刮去脓血，使其毒劲出来，然后再在疮口上敷上药，注意其调养和喂食。凡牲畜有了内部疾病或外部疮痈，医师就派兽医前去治疗。没有治好而死掉的，要统计其数目，作为对他们提升或降级的依据。

【原文】

酒正

酒正掌酒之政令，以式灋授酒材。凡爲公酒者，亦如之。辨五齊之名：一曰泛齊，二曰醴齊，三曰盎齊，四曰緹齊，五曰沈齊。辨三酒之物：一曰事酒，二曰昔酒，三曰清酒。辨四飲之物：一曰清，二曰醫，三曰漿，四曰酏。掌其厚薄之齊，以共王之四飲、三酒之饌，及后、世子之飲與其酒。凡祭祀，以灋共五齊、三酒，以實八尊。大祭三貳，中祭再貳，小祭壹貳，皆有酌數。唯齊酒不貳，皆有器量。共賓客之禮酒，共后之致飲於賓客之禮——醫、酏糟，皆使其士奉之。凡王之燕飲酒，共其計，酒正奉之。凡饗士庶子，饗耆老孤子，皆共其酒，無酌數。掌酒之賜頒，皆有灋以行之。凡有秩酒者，以書契授之。酒正之出，日入其成，月入其要，小宰聽之。歲終則會，唯王及后之飲酒不會。以酒式誅賞。

【译文】

酒正的职责是掌管酿造的政令，按照造酒的法式把所需的材料发给别人。凡是为了公事需要酿酒，也按照造酒的法式把造酒所需的材料发给他们，让他们自己酿造。辨别五种浊酒的清浊程度及其名称：一是泛齐，二是醴齐，三是盎齐，四是缇齐，五是沈齐。辨别三种清酒的酿造时间长短及其名称：一是事酒，二是昔酒，三是清酒。辨别四种饮料的名称：一是清，二是医，三是浆，四是酏。负责品尝上述五种浊酒、三种清酒、四种饮料的颜色味道是否达到要求，以供应天子餐桌上四种饮料、三种清酒的陈设，以及供应王后、太子所需要的饮料和酒。遇到祭祀，按照要求要提供五种未经过滤的浊酒和三种滤去酒糟的清酒，盛满八种酒器。如果是大祭，要添酒三次；如果是中祭，要添酒两次；如果是小祭，要添酒一次。每个酒樽中需要舀进多少勺，都有规定；只有盛浊酒的酒樽不添酒，但每个酒樽中需要舀进多少，也都有规定。供应天子向宾客馈赠的礼酒，供应王后向宾客馈赠的饮料未经过滤的医、酏，这些礼酒和饮料，都由酒正的部下下士送往客人下榻的宾馆。凡是天子举行招待宾客的宴席酒会，不管需要多少酒，都要保证供应，并且要由酒正亲自送去。凡是国家宴请王宫的卫士，宴请老人和烈士遗孤，都由酒正负责供应酒，不限定数量，让他们喝到有醉意为止。天子向群臣颁赏或特赐的酒，都由酒正按规定执行。凡是享受秩酒待遇的老臣，酒正发给他们酒票，让他们凭票领取。每天用了多少酒，发出去了多少造酒材料，使用单位都要入账，到了十天头上，报给酒正；到了月底，酒正要把当月的消费汇总，报给小宰审核。每到年底，要把全年酒的消费汇总，只有对天子、王后的酒和饮料的消费不予汇总。根据造酒的法式考核酒人所造之酒，按照法式酿造的给予奖赏，不按照法式酿造的给予处罚。

【原文】

酒人

酒人掌爲五齊、三酒，祭祀則共奉之，以役世婦。共賓客之禮酒、飲酒

而奉之。凡事，共酒而入於酒府。凡祭祀，共酒以往。賓客之陳酒亦如之。

【译文】

酒人的职责是掌管酿造五种浊酒和三种清酒，遇到祭祀，就带领手下的女奴把五种浊酒和三种清酒送去，并且把女奴留下来供世妇役使。负责提供招待宾客所用的礼酒、饮酒，并且把这两种酒送到酒正那里，再由酒正派人送往宾客下榻的宾馆。凡有事需要用酒，就把所需供应的酒连同登记其数量的文书送交酒正所属的府。凡是小祭祀，可以派人把酒送去。为宾客举行接风便宴所用的酒，以及向宾客馈赠饔饩时在宾馆陈列的酒，也可以派人跟着使者送去。

【原文】

漿人

漿人掌共王之六飲：水、漿、醴、涼、醫、酏，入於酒府。共賓客之稍禮。共夫人致飲於賓客之禮：清醴、醫、酏糟，而奉之。凡飲共之。

【译文】

浆人的职责是掌管供应天子的六种饮料：水、浆、醴、凉、医、酏，把这六种饮料造成以后送往酒正所属的府。前来朝聘的宾客逾期未归，其所需饮料也由浆人供给。夫人向宾客馈赠的饮料：经过过滤的醴、医、酏和未经过过滤的醴、医、酏，也由浆人供给。凡是口渴时需要的饮料，统由浆人供给。

【原文】

凌人

凌人掌冰正。歲十有二月，令斬冰，三其凌。春始治鑑。凡外、内饔之膳羞鑒焉。凡酒、漿之酒、醴亦如之。祭祀共冰鑒。賓客共冰。大喪共夷槃冰。夏頒冰，掌事。秋，刷。

【译文】

凌人的职责是掌管藏冰出冰的政令。到了每年的十二月份，就命令其部下采伐冰块，冰室储藏的冰块应是实际需要的三倍。每年开春就要准备好用以冰镇食物的大盆。凡是外饔、内饔制作的美馔佳肴，都放入大盆里冷藏。酒人、浆人制作的三酒、五齐、六饮，也都要放入大盆里冷藏。遇到祭祀，负责提供盛有冰块的大盆；遇到招待宾客，只须提供冰块即可。天子或王后、太子去世，供给寒户的夷槃所需的冰。夏天暑热之时，天子向群臣颁赐冰块，凌人掌管其事。每年秋天，要把冰室打扫干净，以备冬季藏冰。

【原文】

籩人

籩人掌四籩之實。朝事之籩，其實麷、蕡、白、黑、形鹽、膴、鮑魚、鱐。

饋食之籩，其實棗、㮚、桃、乾穛、榛實。加籩之實，菱、芡、㮚、脯，菱、芡、㮚、脯。羞籩之實，糗餌、粉餈。凡祭祀，共其籩薦羞之實。喪事及賓客之事，共其薦籩羞籩。爲王及后、世子，共其内羞。凡籩事，掌之。

【译文】

笾人的职责是掌管宗庙祭祀时四次进献的笾。朝事八笾所盛的食品是：炒熟的麦子、炒熟的麻籽、炒熟的大米、炒熟的黍米、虎形的盐粒、大块的鲜鱼肉、焙干的整条的鱼、风干的鱼块。馈食八笾所盛的食品是：鲜枣、干枣、栗子、鲜桃、桃干、鲜梅、干梅、榛子。加笾八笾所盛的食品是：菱角、鸡头、栗子、肉脯，菱角、鸡头、栗子、肉脯。羞笾二笾所盛的食品是：外表撒有豆粉的黏糕、外表撒有豆粉的黏饼。凡是祭祀，就负责供应笾中所盛的食品。遇到丧事中的大奠和执行宾客，就负责供应设正馔、加馔时应该进献的笾。负责供应王后及太子所需的内羞。凡是有关笾的事情，统由笾人负责。

【原文】

醢人

醢人掌四豆之實。朝事之豆，其實韭菹、醓醢，昌本、麋臡，菁菹、鹿臡，茆菹、麇臡。饋食之豆，其實葵菹、蠃醢，脾析、蠯醢，蜃、蚳醢，豚拍、魚醢。加豆之實，芹菹、兔醢，深蒲、醓醢，箈菹、鴈醢，筍菹、魚醢。羞豆之

實，酏食、糝食。凡祭祀，共薦羞之豆實。賓客、喪紀亦如之。爲王及后、世子，共其内羞。王舉，則共醢六十罋，以五齊、七醢、七菹、三臡實之。賓客之禮，共醢五十罋。凡事，共醢。

【译文】

醢人的职责是掌管宗庙祭祀时分四次进献的豆。朝事八豆所盛的食品是：腌韭菜和肉汁较多的肉酱、腌昌蒲根和带骨的麋肉酱、腌蔓菁和带骨的鹿肉酱、腌凫葵和带骨的麇肉酱。馈食八豆所盛的食品是：腌秋葵和螺蛳肉酱、牛百叶和蚌肉酱、大蛤蜊和蚁卵酱、猪肋条和鱼肉酱。加豆八豆所盛的食品是：腌水芹和兔肉酱、腌深蒲和肉汁较多的肉酱、腌箭竹笋和鹅肉酱、腌大竹笋和鱼肉酱。馐豆二豆所盛的食品是：酏食和糁食。凡遇到祭祀，负责供应荐豆、馐豆中需盛的食品；遇到招待宾客、丧事的祭奠也是这样。保障天子、王后和太子所需要的内羞的供给。每天杀牲为天子操办丰盛的早餐时，醢人就负责供应醢六十瓮，装入五齐、七醢、七菹、三臡。天子向宾客馈赠饔饩时，供应醢五十瓮。凡有事要用醢，就由醢人负责供应。

【原文】

醯人

醯人掌共五齊、七菹，凡醯物。以共祭祀之齊、菹，凡醯、醬之物。賓客亦如之。王舉，則共齊菹、醯物六十罋。共后及世子之醬齊、菹。賓客

之禮，共醯五十罋。凡事，共醯。

【译文】

醯人的职责是掌管供应醯人腌制五齐、七菹时所需的醋，以及加工所有含醋食品时所需的醋。供应祭祀时所需的齑菹，以及所有醯酱食品。招待宾客时也是如此。每天杀牲为天子操办丰盛的早餐时，醯人负责供应用醋腌制的酸菜六十瓮。还要供应王后和太子所需的掺醋的酱和齑菹。天子向宾客馈赠饔饩时，醯人负责供应醋五十瓮。凡有事要用醋，都由醯人负责供应。

【原文】

鹽人

鹽人掌鹽之政令，以共百事之鹽。祭祀共其苦鹽、散鹽。賓客共其形鹽、散鹽。王之膳羞共飴鹽，后及世子亦如之。凡齊事，鬻鹽以待戒令。

【译文】

盐人的职责是掌管有关盐的政令，无论哪件事上需要盐，都由他来负责供应。遇到祭祀，负责供应苦盐、散盐。遇到招待宾客，负责供应形盐、散盐。为天子的美食佳肴，负责供应饴盐。王后及太子的美食佳肴也是如此。凡是调和五味所需的盐，盐人都要事先煮好以备应付上级的调拨命令。

【原文】

幂人

幂人掌共巾幂。祭祀，以疏布巾幂八尊，以畫布巾幂六彝。凡王巾，皆黼。

【译文】

幂人的职责是掌管供应覆盖各种食器、酒器的布巾。祭祀的时候，用粗布覆盖装有五齐、三酒的八樽，用画有云气的布巾覆盖装有郁鬯的六彝。凡是覆盖天子所用食器、酒器的布巾，上面统统画有斧形图案。

【原文】

宫人

宮人掌王之六寢之修，爲其井匽，除其不蠲，去其惡臭。共王之沐浴。凡寢中之事，埽除、執燭、共爐炭，凡勞事。四方之舍事亦如之。

【译文】

宫人的职责是掌管天子六寝的打扫整理。在宫中路旁的隐蔽处设置厕所，清除厕所中的粪便，消除厕所中难闻的气味。天子平日洗头、洗澡所用的一应物件由此官供给。举凡六寝中的一切重活粗活，譬如扫除、执烛、供应炉炭等等，统由宫人负责。天子因事外出，官人随行，对行

宫的打扫整理也和六寝一样。

【原文】

掌舍

掌舍掌王之會同之舍。設梐枑再重。設車宫，轅門。爲壇，壝宫，棘門。爲帷宫，設旌門。無宫則共人門。凡舍事，則掌之。

【译文】

掌舍的职责是掌管天子与诸侯会同时所居行宫的门禁和警卫工作。门前设置两道栅栏，用以禁止闲杂人等进入。天子如果是在险阻之处宿营，住处的四周就以兵车互相连接作为屏障，其入口处竖立两车，使车辕向上以表门。天子如果是在平地宿营，就要堆土为坛，坛的四周再筑起一圈低矮的土墙作为屏障，其入口处竖立两戟以表门。天子如果是在白天行进当中临时停下休息，就要在四周绕上一圈布帷作为屏障，其入口处竖立两面旌旗以表门。天子如果是在行进途中忽然遇见了诸侯，或是暂停下来游玩观赏，四周不设屏障，就要在天子的周围站上一圈卫士，再在这人墙的入口处站上两个彪形大汉以表门。凡是天子行宫的警卫工作，都由掌舍负责。

【原文】

幕人

幕人掌帷、幕、幄、帟、綬之事。凡朝覲、會同、軍旅、田役、祭祀，共其帷、幕、幄、帟、綬。大喪，共帷、幕、帟、綬。三公及卿大夫之喪，共其帟。

【译文】

幕人的职责是掌管供应帷、幕、幄、帟、绶之事。凡是朝觐、会同、军旅、田役、祭祀，就负责供应所需的帷、幕、幄、帟、绶。遇到天子、王后或太子去世，负责供应所需的帷、幕、帟、绶。三公及卿大夫去世，负责供应张在柩上的帟。

【原文】

掌次

掌次掌王次之灋，以待張事。王大旅上帝，則張氊案，設皇邸。朝日，祀五帝，則張大次、小次，設重帟、重案。合諸侯亦如之。師、田，則張幕，設重帟、重案。諸侯朝覲，會同，則張大次、小次。師、田則張幕，設案。孤、卿有邦事，則張幕，設案。凡喪，王則張帟三重，諸侯再重，孤、卿、大夫不重。凡祭祀，張其旅幕，張尸次。射則張耦次。掌凡邦之張事。

【译文】

掌次的职责是掌管天子外出时作为临时休息处所的帐棚的有关法规，只等幕人将帷幕等材料送来，张设搭建的事就由掌次完全负责。如果天子在南郊祭祀上帝，就为天子张设铺有毛毡的几案，几案的后面则竖起有五彩羽毛作文饰的屏风。如果天子朝日、祭祀五帝，则为天子张设

祭祀前休息的大帐棚和祭祀中间休息的小帐棚，帐棚里的席位上要张设双重的平幕，席位前安放蒙有两层毛毡的几案。如果天子和诸侯在野外相会，也是这样。如果天子率兵征伐或四时畋猎，则为天子张设帐幕，帐幕中也要张设双重的平幕和蒙有两层毛毡的几案。如果是诸侯前来朝觐、会同，则为诸侯张设初到达时休息的大帐棚和静侯典礼举行的小帐棚；如果诸侯是随着天子征伐、畋猎，则为诸侯张设帐幕并设置几案。如果孤卿跟着天子有事外出，或者奉天子之命出使，则为孤卿张设帐幕并设置几案。凡是遇到丧事，则在天子的灵柩上张设三层平幕，诸侯则张设两层，孤卿大夫只一层。凡祭祀，为群臣张设大幕，为尸张设幄。遇到射箭比赛，要为每对参赛的射手张设更衣帐。凡是国家有了需要张设帷幕幄帟的事，统由掌次负责。

【原文】

大府

大府掌九貢、九賦、九功之貳，以受其貨賄之入，頒其貨於收藏之府，頒其賄於受用之府。凡官府、都鄙之吏，及執事者，受財用焉。凡頒財，以式灋授之。關市之賦，以待王之膳服。邦中之賦，以待賓客。四郊之賦，以待稍秣。家削之賦，以待匪頒。邦甸之賦，以待工事。邦縣之賦，以待幣帛。邦都之賦，以待祭祀。山澤之賦，以待喪紀。幣餘之賦，以待賜予。凡邦國之貢，以待弔用。凡萬民之貢，以充府庫。凡式貢之餘財，以共玩

好之用。凡邦之賦用，取具焉。歲終，則以貨賄之入出會之。

【译文】

大府的职责是掌管九贡、九赋、九功的副本，并按照副本来验收所交纳的金玉布帛，将其中质地精良的拨交给专司收藏的部门，其余的拨交给为国家提供常用物资的部门。凡是王朝的官吏、都鄙采邑的官吏，以及奉命暂时办理某事的官吏，都可以按照法定的程序前来领取财物。凡颁发财物，都根据法定的财政制度拨给：从关市上征收的赋税，用以供给天子膳食、服装、车马的开支。从王城之内征收的赋税，用以供给招待宾客的开支。从四郊征收的赋税，用于供给牲口草料的开支。从家削征收的赋税，用以供给颁发群臣俸禄的开支。从邦甸征收的赋税，用以供给制造各种器物的开支。从邦县征收的赋税，用以供给朝聘时须要携带礼物的开支。从邦都征收的赋税，用以供给各种祭祀的开支。从山泽征收的赋税，用以供给天子、王后及太子去世时祭奠的开支。国家每年结余的经费，用以供给天子随心所欲的赐予。凡是各个诸侯国进贡的财物，用做救济诸侯国遭受天灾人祸等不幸时的开支。凡是从事各行各业的万民进献的财物，用来充实府库，以备不时之需。在保证以上所有开支的前提下，如果还有余财，方可用以供给天子置办玩好之物的开支。凡国家所需的一切费用，都到大府处领取。每到年终，要统计一下各种财物的收入和支出的情况，并把结果呈报给大宰。

【原文】

玉府

玉府掌王之金玉、玩好、兵器，凡良貨賄之藏。共王之服玉、佩玉、珠玉。王齊，則共食玉。大喪，共含玉、復衣裳、角枕、角柶。掌王之燕衣服、衽席、牀第，凡褻器。若合諸侯，則共珠槃、玉敦。凡王之獻金玉、兵器、文織、良貨賄之物，受而藏之。凡王之好賜，共其貨賄。

【译文】

玉府的职责是掌管天子的金玉、玩好、武器、车辆、旌旗以及一切珍贵物品的收藏。负责供给天子冠饰所用之玉、身上佩戴之玉以及小而圆如珠之玉。天子斋戒的时候，供给有玉饰的食器。遇到天子、王后以及太子去世，负责供给含在口中的玉、招魂所用的衣裳、作枕头用的角枕、撑开死者牙齿的角柶。掌管天子的便装、被褥、席子、床垫和大小便用具。如果天子和诸侯会盟，则负责提供盛放牛耳的珠槃和盛放牲血的玉敦。凡是臣民献给天子的金玉、武器、车辆、旌旗、染成彩色的布帛或绣有彩色图案的绸缎以及其他珍贵物品，都由玉府负责接受和保管。凡是天子想把什么好东西赐予他所喜欢的人，就由玉府负责供给。

【原文】

内府

内府掌受九貢、九賦、九功之貨賄、良兵、良器，以待邦之大用。凡四方之幣獻之金玉、齒革、兵器，凡良貨賄，入焉。凡適四方使者，共其所受之物而奉之。凡王及冢宰之好賜予，則共之。

【译文】

内府的职责是掌管接受并收藏王朝通过九贡、九赋、九功等途径得到的财物以及优质兵器、优质车辆、优质礼器，以备天子在祭祀、宾客、丧纪、会同、军旅等大事情上使用。凡四方诸侯朝聘时进献的珍宝，诸如金玉、齿革、兵器，只要是珍贵的财物，统由内府收藏。凡是奉命出使四方的使者，其所携带的天子馈赠诸侯的礼品，由内府负责供给并亲自送到使者手上。凡是天子及大宰想把什么好东西赏给他所喜欢的人，也由内府供给。

【原文】

外府

外府掌邦布之入出，以共百物，而待邦之用，凡有灋者。共王及后、世子之衣服之用。凡祭祀、賓客、喪紀、會同、軍旅，共其財用之幣賫、賜予之財用。凡邦之小用，皆受焉。歲終則會。唯王及后之服不會。

【译文】

外府的职责是掌管国家法定货币的收进及发放，用以供给采购各种物品，以保证供给国家

各个部门法定的办公经费需要。负责提供为天子、王后和太子置办各种衣服的费用。凡是遇到祭祀、宾客、丧纪、会同、军旅之事，负责提供购买礼币和旅途中的费用，提供天子赐予臣下物品的费用。凡是办理国家小事所需的费用，都到外府来领取。每年年底，将发放的货币作一统计，只有天子和王后的置办衣服费用可以不予统计。

【原文】

司會

司會掌邦之六典、八灋、八則之貳，以逆邦國、都鄙、官府之治。以九貢之灋，致邦國之財用。以九賦之灋，令田野之財用，以九功之灋，令民職之財用。以九式之灋，均節邦之財用。掌國之官府、郊、野、縣、都之百物財用凡在書契版圖者之貳，以逆羣吏之治，而聽其會計。以參互攷日成，以月要攷月成，以歲會攷歲成。以周知四國之治，以詔王及冢宰廢置。

【译文】

司会的职责是掌管持有国家六典、八法、八则的副本，据以考核畿外各诸侯国、畿内各采地公邑、王府之内各官府的政绩。根据九功之法命令畿外各诸侯国进献财物，根据九赋之法命令畿内各地交纳地税，根据九功之法命令从事各种职业的人交纳其产品，根据九式之法平衡和节制国家的财政支出。掌管王府之内各官府、畿内郊野县都各种货物财政收支的统计簿册和户籍地图的副本，据以考核内外大小百官的政绩，并审核其统计报告。把司书掌握的征税统计的副本、职内掌握的收入账、职岁掌握的支出账拿来交互参考，据以考查各官府每十天的成事文书；每月的总结收缴上来以后，用同样交互参考的办法来考查各官府每月的成事文书；每月的总结收缴上来以后，也用同样交互参考的办法来考查各官府每年的成事文书。据以详细了解天下各地的治理情况，并将此情况报告天子和大宰，作为官员降免或升迁的依据。

【原文】

司書

司書掌邦之六典、八灋、八則、九職、九正、九事，邦中之版，土地之圖，以周知入出百物，以叙其財，受其幣，使入於職幣。凡上之用財用，必攷於司會。三歲則大計羣吏之治，以知民之財、器械之數，以知田野、夫家、六畜之數，以知山林、川澤之數，以逆羣吏之徵令。凡稅斂，掌事者受灋焉，及事成，則入要貳焉。凡邦治，攷焉。

【译文】

司书的职责是掌管国家的六典、八法、八则、九职、九赋、九贡、九式的正本，以及畿内的户籍和土地的地图，以全面了解各种财物的收入与支出，以审计各官府的财用，接受其结余的经费，并造册拨交职币掌管。凡是天子和冢宰动用的财物，一定要到司会那里核查一下并登记在案。

每隔三年，对内外百官的政绩进行一次总的考核，据以了解百姓拥有的财产、器具、兵械的数量，据以了解现有可耕土地、有劳动能力的男女以及六畜的数目，据以了解山林、川泽的情况，以考核内外百官在征调劳役、征收赋税上做的是否合理。凡遇赋税的征收，负责征收的官员都要到司书那里接受规定的征收数额。等到征收完毕，负责征收的官员都要把征税的正本呈报大宰，副本交给司书。凡对治理国家的种种成法有疑问的，都可以到司书那里去考查。

【原文】

職内

職内掌邦之賦入，辨其財用之物而執其總。以貳官府、都鄙之財入之數，以逆邦國之賦用。凡受財者，受其貳令而書之。及會，以逆職歲與官府財用之出，而叙其財以待邦之移用。

【译文】

职内的职责是掌管国家赋税的收入，并将这些收入分门别类而执掌其明细账和总账，接受王城之内各官府和畿内都鄙、公邑、乡遂的财政收入账目的副本，以考核各诸侯国赋税的征收和使用。凡各官府奉命领取财物，必须将命令的副本送交职内以便记录在案。等到年终结算时，用以考核职岁和各官府财用的支出；如有结余经费，则登记造册，以备国家挪作他用。

【原文】

職歲

職歲掌邦之賦出，以貳官府、都鄙之財出賜之數，以待會計而攷之。凡官府、都鄙羣吏之出財用，受式灋於職歲。凡上之賜予，以叙與職幣授之。及會，以式灋贊逆會。

【译文】

职岁的职责是掌管国家的赋税支出，接受王城之内各官府和畿内都鄙、公邑、乡遂财政支出账目、天子和大宰赐予支出账目的副本，以备年终结算而有所依据。凡各官府以及都鄙群吏需要支出财物，都要遵循职岁所颁发的财物支出条例。凡是天子和家宰有所赐予，则按照受赐者的尊卑会同职币授予之。等到年终结算时，则按照财物支出条例协助司会审核内外百官的统计报告。

【原文】

職幣

職幣掌式灋以斂官府、都鄙與凡用邦財者之幣，振掌事者之餘財。皆辨其物而奠其録，以書楬之，以詔上之小用、賜予。歲終，則會其出。凡邦之會事，以式灋贊之。

【译文】

职币的职责是掌管按照法规收缴王城之内各官府和畿内各都鄙、公邑、乡遂以及凡是使用国家经费者的结余经费，收缴奉王命有所作为者的剩余财物。收缴以后，按照其种类、成色加以归类，确定其应该登录的簿册，再在每类剩余财物上加一标签，然后呈报天子和大宰，以备天子和大宰办理国家小事和用作赏赐。每到年终，就要统计一下所收缴剩余财物的支出情况。凡是国家每年的年终结算，要按照法规协助司会办理。

【原文】

司裘

司裘掌爲大裘，以共王祀天之服。中秋獻良裘，王乃行羽物。季秋獻功裘，以待頒賜。王大射，則共虎侯、熊侯、豹侯，設其鵠。諸侯，則共熊侯、豹侯。卿大夫，則共麋侯。皆設其鵠。大喪，廞裘，飾皮車。凡邦之皮事掌之。歲終則會，唯王之裘與其皮事不會。

【译文】

司裘的职责是掌管制作大裘，以供给天子祭天时所穿之祭服。每到中秋时节，向天子进献良裘，天子于是乃向群臣颁赐飞鸟。每到季秋时节，向天子进献功裘，以备天子向群臣颁赐。天子举行大射时负责供给虎侯、熊侯、豹侯，并在侯的中央设立靶心；诸侯举行大射，则负责供给熊侯、豹侯；卿大夫举行大射，则负责供给麋侯，也都要在侯的中央设立靶心。遇到天子、王后、太子去世，负责陈设作为明器的裘，用皮革装饰作为明器使用的遣车。凡属国家有关皮革方面的事务，统由司裘负责。每到年终要把用过的皮革作一统计，只有天子所用的皮衣和皮革不在统计之列。

【原文】

掌皮

掌皮掌秋斂皮，冬斂革，春獻之，遂以式灋頒皮革於百工。共其毳毛爲氈，以待邦事。歲終，則會其財齎。

【译文】

掌皮的职责是掌管每年秋天时收集皮，冬天时收集革，到了来年春天，将优良的皮革挑选出来献给天子。既献之后，就按照式法将皮革颁发给各种制皮工匠。供给细软的毛让工匠制毡。每到年终，就要统计一下全年所收皮革用去了多少钱，库存的皮革还有多少，颁发给工匠的皮革有多少。

【原文】

内宰

内宰掌書版圖之灋，以治王内之政令，均其稍食，分其人民以居之。以陰禮教六宮，以陰禮教九嬪，以婦職之灋教九御，使各有屬，以作二事，

正其服，禁其奇衺，展其功緒。大祭祀，后祼獻，則贊。瑶爵，亦如之。正后之服位，而詔其禮樂之儀。贊九嬪之禮事。凡賓客之祼獻、瑶爵，皆贊。致后之賓客之禮。凡喪事，佐后使治外、内命婦，正其服位。凡建國，佐后立市，設其次，置其叙，正其肆，陳其貨賄，出其度、量、淳、制，祭之以陰禮。中春，詔后帥外、内命婦始蠶於北郊，以爲祭服。歲終，則會内人之稍食，稽其功事。佐后而受獻功者，比其小大與其麤良而賞罰之。會内宫之財用。正歲，均其稍食，施其功事，憲禁令於王之北宫而糾其守。上春，詔王后帥六宫之人，而生穜稑之種，而獻之於王。

【译文】

内宰的职责是掌管把在宫中服务的官吏及其所携子弟登记造册，绘制宫中官吏所在官府的平面图，以实施王内之政令，调整宫中官吏子弟宿卫王宫者的月俸，分派后宫宿卫吏士的住处，使警卫的力量分布均衡，无懈可击。以妇人之礼教夫人、九嫔、世妇。以纺织、缝纫等女红的法规教导九御，使她们各有隶属，以从事缫丝、绩麻这两项工作；教育她们在穿衣服上面不要奢侈逾等，严禁她们搞巫蛊一类邪门歪道，记录和考核她们的工作成绩。天子祭祀宗庙，轮到王后向尸进献郁鬯香酒时，内宰应该从旁协助；王后用瑶爵酌缇齐献尸时，也是这样。王后在什么场合应该穿什么样的衣服，王后助祭时应该站的正确位置，王后在行礼时应该怎样做才能合乎礼节、合乎自己的身份，内宰都有责任提醒，使之完全合乎法度。在九嫔协助王后行祭礼时，内宰要协助九嫔。凡天子设宴招待来朝的诸侯，当大宗伯以王后的名义向客人进献郁鬯香酒和以瑶爵向客人献酒时，内宰都要从旁协助。王后向宾客馈赠的牢礼，由内宰送达宾客下榻的宾馆。凡遇到丧事，要辅佐王后派其部下管理外命妇和内命妇，使她们穿的丧服和行礼时站的位置都合乎法度。凡营造国都，要辅佐王后设立交易市场，设置市场管理官员的办公场所，安排市肆的行列，规定各摊点的位置，使同类货物陈放在一起，出示长度标准、容器标准、布帛的宽度长度标准，以妇人之礼祭祀市中之社。每到仲春时节，告知王后率领外内命妇到北郊开始采桑养蚕，以便日后可以用来制作祭服。到年终，要统计一下宫中内人的俸禄，考核她们的工作成绩。辅佐王后接受她们上缴的自己织成的布帛，评比其数量的多少和质量的优劣，作为对她们进行赏罚的依据。每到年终，还要统计一下内宫的开支。每年正月，要调整宫中服务人员的月俸，给她们分配工作，将禁令悬挂公布在天子的北宫门口，纠察宿卫人员使之不敢懈怠。孟春，要告知王后率领六宫的妃嫔挑选各种谷物的优良种子献给天子。

【原文】

内小臣

内小臣掌王后之命，正其服位。后出入，則前驅。若有祭祀、賓客、喪紀，則擯，詔后之禮事，相九嬪之禮事，正内人之禮事。徹后之俎。后有好

事於四方，則使往。有好令於卿大夫，則亦如之。掌王之陰事、陰令。

【译文】

内小臣的职责是掌管传达王后的命令，负责提醒王后在什么场合应该穿什么样的衣服和王后听治内宫之朝时的行礼位置，使之一一符合要求。王后乘车出入内宫，内小臣负责在前开道。如果遇到祭祀、宾客、丧纪等事，就作为傧相告知王后应行之礼，辅佐九嫔应行之礼，端正女御应行之礼，负责撤除祭祀时尸酢王后的俎。如果王后对沾亲带故的畿内诸侯有赏赐慰劳之事，就派内小臣前往；如果王后对沾亲带故的卿大夫有赏赐慰劳之事，也派内小臣前往。掌管天子群妃御见的安排和天子对王后六宫命令的传达。

【原文】

閽人

閽人掌守王宫之中門之禁。喪服、凶器不入宫，潛服、賊器不入宫，奇服、怪民不入宫。凡内人、公器、賓客，無帥，則幾其出入。以時啓閉。凡外、内命夫、命婦出入，則爲之闢。掌埽門庭。大祭祀、喪紀之事，設門燎，蹕宫門、廟門。凡賓客亦如之。

【译文】

閽人的职责是掌管守卫王宫中门的门禁。披麻戴孝的人不准进入宫门，办理丧事用的明器不准进入宫门，衣内暗穿铠甲的人不准进入宫门，携带武器的人不准进入宫门，穿着奇装异服的人不准进入宫门，精神失常的人不准进入宫门。凡是在内宫服务的女官出出进进，凡是携带公物的官员出出进进，凡是宾客出出进进，如果没有持通行证者的导引，就要对其进行严厉盘查。白天按时开门，晚上按时关门。凡内外命夫、命妇出出进进，就要为他们开道，让过往行人避开。负责打扫王宫五门内外的卫生。遇到祭祀宗庙或者天子、王后、太子去世的事，负责设立插在门口地下的火把，禁止闲杂人等出入宫门、庙门。天子设宴招待宾客时也是这样。

【原文】

寺人

寺人掌王之内人，及女宫之戒令，相道其出入之事而糾之。若有喪紀、賓客、祭祀之事，則帥女宫而致於有司。佐世婦治禮事。掌内人之禁令。凡内人弔臨於外，則帥而往，立於其前而詔相之。

【译文】

寺人的职责是掌管天子的女御以及宫中女奴应该注意的事项，在她们需要出入宫门时负责指点和带领她们，对违反注意事项的人给以纠正。如果有丧纪、宾客、祭祀之事，就带着女奴到有关办事部门报到，听候差遣。辅佐世妇操办祭祀、宾客、丧纪等事。执掌有关女御的禁令，凡是女御随着世妇出外吊丧，就由寺人带领前往，在行礼时，就站在女御的前面加以指点。

【原文】

內　豎

內豎掌內外之通令，凡小事。若有祭祀、賓客、喪紀之事，則爲內人蹕。王后之喪，遷於宮中，則前蹕。及葬，執褻器以從遣車。

【译文】

内竖的职责是掌管在小事情上沟通王宫内外。若有祭祀、宾客、丧纪之事，就要为跟随世妇的女御清道，禁止闲杂人等通行。王后的丧事，在出葬前迁柩朝庙时，在前开道，禁止闲杂人等通行。到了出葬那一天，手执亵器跟在遣车后面。

【原文】

九　嬪

九嬪掌婦學之灋，以教九御婦德、婦言、婦容、婦功，各帥其屬而以時御敘於王所。凡祭祀，贊玉齍，贊后薦、徹豆籩。若有賓客，則從后。大喪，帥敘哭者亦如之。

【译文】

九嫔的职责是掌管妇人学习的法规，以妇德、妇言、妇容、妇功教导女御，每一九嫔率领九个女御按照规定的时日依次到天子的燕寝侍寝。凡祭祀宗庙，协助王后进献盛有黍稷的玉敦，协助王后进献和撤去豆笾。如果天子设宴招待来朝诸侯，王后协助天子招待时，九嫔要随后前往帮忙。遇到天子去世，要指导内外命妇按照身份的尊卑在王后哭过以后依次而哭。

【原文】

世　婦

世婦掌祭祀、賓客、喪紀之事，帥女宮而濯摡，爲齍盛。及祭之日，涖陳女宮之具，凡內羞之物。掌弔臨於卿大夫之喪。

【译文】

世妇的职责是每逢宗庙祭祀、在庙飨食来朝诸侯、大丧迁柩朝庙和设祖奠与遣奠时，负责率领女奴洗涤祭器食具，精选用于祭祀的谷物。到了祭祀那一天，要亲临现场督察女奴陈设祭祀用具，以及种种内馐。掌管奉王后之命前往哭吊与王后有亲的去世的卿大夫。

【原文】

女　御

女御掌御敘於王之燕寢。以歲時獻功事。凡祭祀，贊世婦。大喪，掌沐浴。后之喪，持翣。從世婦而弔於卿大夫之喪。

【译文】

女御的职责是掌管安排后妃们按照尊卑次序到天子的燕寝侍寝。每到秋季，上缴本年所完

成的女红。凡遇宗庙祭祀，要协助世妇督察女奴的工作。王后或者太后去世，女御负责为之沐浴。王后去世出殡时，负责持翣遮蔽柩车。跟随世妇到卿大夫之家去吊丧。

【原文】

女祝

女祝掌王后之内祭祀，凡内禱祠之事。掌以時招、梗、禬、禳之事，以除疾殃。

【译文】

女祝的职责是在王后祭祀六宫的一些小神时，负责祈祷还愿之事。还负责根据需要随时举行招来吉祥、预防灾祸、消除灾害、赶走奇怪现象的祭祀，以消除疾病和灾殃。

【原文】

女史

女史掌王后之禮職，掌内治之貳，以詔后治内政。逆内宫，書内令。凡后之事，以禮從。

【译文】

女史的职责是掌管王后参加典礼的有关职事，掌管治理王后六宫的种种法令的副本，用以告知王后使其治理内政。审核内宫的所有财用及米粟的收支情况，书写王后的命令。凡是王后有参加典礼之事，女御都跟在后面给以必要的提醒。

【原文】

典婦功

典婦功掌婦式之灋，以授嬪、婦及内人女功之事齎。凡授嬪婦功，及秋獻功，辨其苦良、比其大小，而賈之，物書而楬之，以共王及后之用，頒之於内府。

【译文】

典妇功的职责是掌管妇女所做女红的法式的成规，并据以向王城内心灵手巧的妇女和宫中的九嫔、世妇、女御分发做女红需要的材料。凡是向她们分发原材料，到了秋天上缴成品时，就要辨别其质量的优劣和评比其数量的多少，从而做出估价，并在每种物品上都插上标签，注明价格。将其中的优质产品供给天子和王后之用，并交给内府收藏。

【原文】

典絲

典絲掌絲入而辨其物，以其賈楬之。掌其藏與其出，以待興功之時，頒絲於外、内工，皆以物授之。凡上之賜予，亦如之。及獻功，則受良功而藏之，辨其物而書其數，以待有司之政令，上之賜予。凡祭祀，共黼畫、組

就之物。喪紀，共其絲、纊、組、文之物。凡飾邦器者，受文、織、絲、組焉。歲終，則各以其物會之。

【译文】

典丝的职责是掌管蚕丝的收进和辨别其成色，确定其价值并插上标签。掌管蚕丝的收藏及其调拨，等待合适的季节分发下去加工制作。将蚕丝分发给王城内的妇女和宫中女御时，都按照成品的要求发给原料。凡是天子赐予宠臣的蚕丝，也是这样。到了王城内的妇女和宫中的女御上缴成品时，就要负责接受和收藏，辨别其成色，登记其数量，以备有关职能部门需要和天子赐予下臣。凡祭祀，供给色丝以制作祭服和冕旒一类物品；凡丧纪，供给丝线、丝绵、丝带、有彩色图案的缯帛。凡有装饰国家器物任务的部门，可以到典丝这里领取有彩色图案的缯帛、丝线和丝带。每到年终，要将各种丝制品的收支情况分类加以统计。

典枲

【原文】

典枲掌布、緦、縷、紵之麻草之物，以待時頒功而授齎。及獻功，受苦功，以其賈楬而藏之，以待時頒。頒衣服，授之。賜予亦如之。歲終，則各以其物會之。

【译文】

典枲的职责是掌管用来织布纺线的各种麻草，等待合适的季节分配工作并发给原料。到了交纳成品的季节，负责接受织成的各种麻布，插上标签，标明价格，收藏起来，以备天子的常规性颁赐。常规性的颁赐衣服，当接受颁赐者前来领取时，如数发给，非常规性的赐予也是这样。每到年终，要将各种麻制品的收支情况分类加以统计。

内司服

【原文】

内司服掌王后之六服：褘衣、揄狄、闕狄、鞠衣、展衣、緣衣，素沙。辨外、内命婦之服：鞠衣、展衣、緣衣，素沙。凡祭祀、賓客，共后之衣服；及九嬪、世婦，凡命婦，共其衣服。共喪衰亦如之。后之喪，共其衣服，凡内具之物。

【译文】

内司服的职责是掌管王后所穿的六种衣服：袆衣、揄狄、阙狄、鞠衣、展衣、缘衣，以及用作衬里的白纱。辨别外命妇、内命妇的衣服：鞠衣、展衣、缘衣，以及用作衬里的白纱。凡王后主持宗庙祭祀、协助天子设宴招待来朝诸侯时，则负责供给王后所穿的衣服；如有九嫔、世妇、女御和外命妇参加，也供给她们应穿的衣服。供给丧服的办法也照此办理。王后去世，负责供给装殓和陪葬所需的衣服以及所需的妇人平日经常使用的东西。

【原文】

縫人

縫人掌王宮之縫線之事，以役女御，以縫王及后之衣服。喪，縫棺飾焉，衣翣柳之材。掌凡內之縫事。

【译文】

缝人的职责是掌管王宫的裁缝之事，在女御的指挥下，带领部下为天子和王后缝制衣服。遇到天子等人的丧事，负责缝制棺饰，把彩缯蒙到翣柳的木制框架上。凡宫中三夫人以下的衣服缝制，统由缝人掌管。

【原文】

染人

染人掌染絲帛。凡染，春暴練，夏纁玄，秋染夏，冬獻功。掌凡染事。

【译文】

染人的职责是：掌管染丝染帛。凡是染丝染帛，春天可将丝帛煮熟暴晒，夏天可将丝帛染成浅红色和青黑色，秋天可将丝帛染成五色，冬天则将染好的丝帛上缴典妇功和典丝。凡涉及染色的事，统由染人负责。

【原文】

追師

追師掌王后之首服，爲副、編、次，追衡、笄。爲九嬪及外內命婦之首服，以待祭祀、賓客。喪紀，共笄絰亦如之。

【译文】

追师的职责是掌管王后需要戴的首饰，为她制作副、编、次这三种假髻，雕治衡笄和笄。制作九嫔及外内命妇需要戴的首饰，以备她们在跟随王后参加祭祀和宴请宾客时使用。遇到丧事，在供给王后以下所有内外命妇所需的丧笄和首绖时，也是这样。

【原文】

屨人

屨人掌王及后之服屨，爲赤舄、黑舄，赤繶、黃繶，青句，素屨，葛屨。辨外內命夫命婦之命屨、功屨、散屨。凡四時之祭祀，以宜服之。

【译文】

屦人的职责是掌管天子及王后的各种与衣服配套穿的鞋子，制作赤舄、黑舄，素屦、葛屦，以及鞋上的装饰：絇、繶、纯。辨别内外命夫和内外命妇的命屦、功屦和散屦。凡参加春夏秋冬的祭祀，各人都要穿上与祭服般配的鞋子。

【原文】

夏采

夏采掌大喪以冕服復於大祖，以乘車建綏復於四郊。

【译文】

夏采的职责是在天子去世时，掌管用天子所穿的冕服到始祖庙里去招魂，又驾着天子生前所乘的车子，在车上插起缀有完整的五彩鸟羽的太常旗，到城外四郊去招魂。

【原文】

地官司徒第二

叙官

惟王建國，辨方正位，體國經野，設官分職，以爲民極。乃立地官司徒，使帥其屬掌邦教，以佐王安擾邦國。

教官之屬：

大司徒，卿一人；小司徒，中大夫二人；鄉師，下大夫四人；上士八人，中士十有六人，旅下士三十有二人；府六人，史十有二人，胥十有二人，徒百有二十人。

鄉老，二鄉則公一人。鄉大夫，每鄉卿一人。州長，每州中大夫一人。黨正，每黨下大夫一人。族師，每族上士一人。閭胥，每閭中士一人。比長，五家下士一人。

封人，中士四人，下士八人；府二人，史四人，胥六人，徒六十人。

鼓人，中士六人；府二人，史二人，徒二十人。

舞師，下士二人；胥四人，舞徒四十人。

牧人，下士六人；府一人，史二人，徒六十人。

牛人，中士二人，下士四人；府二人，史四人，胥二十人，徒二百人。

充人，下士二人，史二人；胥四人，徒四十人。

載師，上士二人，中士四人；府二人，史四人，胥六人，徒六十人。

閭師，中士二人；史二人，徒二十人。

縣師，上士二人，中士四人；府二人，史四人，胥八人，徒八十人。

遺人，中士二人，下士四人；府二人，史四人，胥四人，徒四十人。

均人，中士二人，下士四人；府二人，史四人，胥四人，徒四十人。

師氏，中大夫一人，上士二人；府二人，史二人，胥十有二人，徒百有二十人。

保氏，下大夫一人，中士二人；府二人，史二人，胥六人，徒六十人。

司諫，中士二人；史二人，徒二十人。

司救，中士二人；史二人，徒二十人。

調人，下士二人；史二人，徒十人。

媒氏，下士二人；史二人，徒十人。

司市，下大夫二人，上士四人，中士八人，下士十有六人；府四人，史八人，胥十有二人，徒百有二十人。

質人，中士二人，下士四人；府二人，史四人，胥二人，徒二十人。

廛人，中士二人，下士四人；府二人，史四人，胥二人，徒二十人。

胥師，二十肆則一人，皆二史。賈師，二十肆則一人，皆二史。

司虣，十肆則一人。司稽，五肆則一人。胥，二肆則一人。肆長，每肆則一人。

泉府，上士四人，中士八人，下士十有六人；府四人，史八人，賈八人，徒八十人。

司門，下大夫二人，上士四人，中士八人，下士十有六人；府二人，史四人，胥四人，徒四十人。每門下士二人；府一人，史二人，徒四人。

司關，上士二人，中士四人；史四人，胥八人，徒八十人。每關下士

二人，史二人，徒四人。

掌節，上士二人，中士四人；府二人，史四人，胥二人，徒二十人。

遂人，中大夫二人。遂師，下大夫四人，上士八人，中士十有六人，旅下士三十有二人；府四人，史十有二人，胥十有二人，徒百有二十人。

遂大夫，每遂中大夫一人。縣正，每縣下大夫一人。鄙師，每鄙上士一人。酇長，每酇中士一人。里宰，每里下士一人。鄰長，五家則一人。

旅師，中士四人，下士八人；府二人，史四人，胥八人，徒八十人。

稍人，下士四人；史二人，徒十有二人。

委人，中士二人，下士四人；府二人，史四人，徒四十人。

土均，上士二人，中士四人，下士八人；府二人，史四人，胥四人，徒四十人。

草人，下士四人；史二人，徒十有二人。

稻人，上士二人，中士四人，下士八人；府二人，史四人，胥十人，徒百人。

土訓，中士二人，下士四人；史二人，徒八人。

誦訓，中士二人，下士四人；史二人，徒八人。

山虞，每大山中士四人，下士八人，府二人，史四人，胥八人，徒八十人；中山下士六人，史二人，胥六人，徒六十人；小山下士二人，史一人，徒二十人。

林衡，每大林麓下士十有二人，史四人，胥十有二人，徒百有二十人；中林麓如中山之虞；小林麓如小山之虞。

川衡，每大川下士十有二人，史四人，胥十有二人，徒百有二十人；中川下士六人，史二人，胥六人，徒六十人；小川下士二人，史一人，徒二十人。

澤虞，每大澤、大藪中士四人，下士八人，府二人，史四人，胥八人，徒八十人。中澤、中藪如中川之衡，小澤、小藪如小川之衡。

迹人，中士四人，下士八人；史二人，徒四十人。

丱人，中士二人，下士四人；府二人，史二人，胥四人，徒四十人。

角人，下士二人；府一人，徒八人。

羽人，下士二人；府一人，徒八人。

掌葛，下士二人；府一人，史一人，胥二人，徒二十人。

掌染草，下士二人；府一人，史二人，徒八人。

掌炭，下士二人；史二人，徒二十人。

掌荼，下士二人；府一人，史一人，徒二十人。

掌蜃，下士二人；府一人，史一人，徒八人。

囿人，中士四人，下士八人；府二人，胥八人，徒八十人。

場人，每場下士二人；府一人，史一人，徒二十人。

廩人，下大夫二人，上士四人，中士八人，下士十有六人；府八人，史十有六人，胥三十人，徒三百人。

舍人，上士二人，中士四人；府二人，史四人，胥四人，徒四十人。

倉人，中士四人，下士八人；府二人，史四人，胥四人，徒四十人。

司祿，中士四人，下士八人；府二人，史四人，徒四十人。

司稼，下士八人；史四人，徒四十人。

舂人，奄二人，女舂抌二人，奚五人。

饎人，奄二人，女饎八人，奚四十人。

槀人，奄八人，女槀每奄二人，奚五人。

【译文】

（按：《地官·叙官》的译文，大体上同于《天官·叙官》的译文。为节省篇幅，此略。）

【原文】

大司徒

大司徒之職，掌建邦之土地之圖與其人民之數，以佐王安擾邦國。以天下土地之圖，週知九州之地域、廣輪之數，辨其山林、川澤、丘陵、墳衍、原隰之名物，而辨其邦國都鄙之數，制其畿疆而溝封之，設其社稷之壝而樹之田主，各以其野之所宜木，遂以名其社與其野。

以土會之法辨五地之物生。一曰山林，其動物宜毛物，其植物宜皁物，其民毛而方。二曰川澤，其動物宜鱗物，其植物宜膏物，其民黑而津。三曰丘陵，其動物宜羽物，其植物宜覈物，其民專而長。四曰墳衍，其動物宜介物，其植物宜莢物，其民晳而瘠。五曰原隰，其動物宜贏物，其植物宜叢物，其民豐肉而庳。

因此五物者民之常，而施十有二教焉。一曰以祀禮教敬，則民不苟。二曰以陽禮教讓，則民不爭。三曰以陰禮教親，則民不怨。四曰以樂禮教和，則民不乖。五曰以儀辨等，則民不越。六曰以俗教安，則民不愉。七曰以刑教中，則民不虣。八曰以誓教恤，則民不怠。九曰以度教節，則民知足。十曰以世事教能，則民不失職。十有一曰以賢制爵，則民慎德。十有二曰以庸制祿，則民興功。

以土宜之灋辨十有二土之名物，以相民宅，而知其利害，以皁人民，以蕃鳥獸，以毓草木，以任土事。辨十有二壤之物而知其種，以教稼穡樹蓺。

以土均之灋辨五物九等，制天下之地徵，以作民職，以令地貢，以斂財賦，以均齊天下之政。

以土圭之灋測土深，正日景，以求地中。日南則景短，多暑。日北則景長，多寒。日東則景夕，多風。日西則景朝，多陰。日至之景，尺有五寸，謂之地中，天地之所合也，四時之所交也，風雨之所會也，陰陽之所和也。然則百物阜安，乃建王國焉，制其畿方千里而封樹之。

凡建邦國，以土圭土其地而制其域。諸公之地，封疆方五百里，其食者半。諸侯之地，封疆方四百里，其食者參之一。諸伯之地，封疆方三百里，其食者參之一。諸子之地，封疆方二百里，其食者四之一。諸男之地，封疆方百里，其食者四之一。

凡造都鄙，制其地域而封溝之，以其室數制之。不易之地，家百畮；一易之地，家二百畮；再易之地，家三百畮。乃分地職，奠地守，制地貢，

而頒職事焉，以爲地灋而待政令。

以荒政十有二聚萬民：一曰散利，二曰薄徵，三曰緩刑，四曰弛力，五曰舍禁，六曰去幾，七曰眚禮，八曰殺哀，九曰蕃樂，十曰多昏，十有一曰索鬼神，十有二曰除盜賊。

以保息六養萬民：一曰慈幼，二曰養老，三曰振窮，四曰恤貧，五曰寬疾，六曰安富。

以本俗六安萬民：一曰媺宫室，二曰族墳墓，三曰聯兄弟，四曰聯師儒，五曰聯朋友，六曰同衣服。正月之吉，始和布教於邦國都鄙，乃縣教象之灋於象魏，使萬民觀教象，挾日而斂之。乃施教灋於邦國都鄙，使之各以教其所治民。令五家爲比，使之相保。五比爲閭，使之相受。五閭爲族，使之相葬。五族爲黨，使之相救。五黨爲州，使之相賙。五州爲鄉，使之相賓。

頒職事十有二於邦國都鄙，使以登萬民：一曰稼穡，二曰樹藝，三曰作材，四曰阜蕃，五曰飭材，六曰通財，七曰化材，八曰斂材，九曰生材，十曰學藝，十有一曰世事，十有二曰服事。

以鄉三物教萬民而賓興之。一曰六德：知、仁、聖、義、忠、和。二曰六行：孝、友、睦、婣、任、恤。三曰六藝：禮、樂、射、御、書、數。

以鄉八刑糾萬民：一曰不孝之刑，二曰不睦之刑，三曰不婣之刑，四曰不弟之刑，五曰不任之刑，六曰不恤之刑，七曰造言之刑，八曰亂民之刑。

以五禮防萬民之僞而教之中，以六樂防萬民之情而教之和。凡萬民之不服教而有獄訟者，與有地治者聽而斷之，其附於刑者，歸於士。

祀五帝，奉牛牲，羞其肆。享先王亦如之。大賓客，令野修道、委積。大喪，帥六鄉之衆庶，屬其六引，而治其政令。大軍旅，大田役，以旗致萬民，而治其徒庶之政令。若國有大故，則致萬民於王門，令無節者不行於天下。大荒、大札，則令邦國移民、通財、舍禁、弛力、薄徵、緩刑。

歲終，則令教官正治而致事。正歲，令於教官曰：「各共爾職，修乃事，以聽王命。其有不正，則國有常刑。」

【译文】

大司徒的职责是，掌管编制天下的地图和户籍，以辅佐天子安抚天下。根据天下的地图，可以清楚地知道九州都各在什么地方，其面积有多大，可以辨别什么地方是山林，什么地方是川泽，什么地方是丘陵，什么地方是坟衍，什么地方是原隰，以及这些地方都分别适合什么动物、植

物生长； 根据地图，还可以搞清楚畿外一共分封了多少诸侯国，畿内一共有多少王室子弟和公卿大夫的采邑，进而划定王畿、诸侯国、采邑的边界，规定边界之上可以挖沟筑墙，以为险阻；规定如何为各自的社稷设置祭坛和坛外的矮墙，如何为社稷之神种上合适的树木作为凭依；各地种上与其土质适合的树木，就以此适合的树木称呼其社与其地。

以土会之法辨别五种土地上的动物、植物和居民： 第一种土地是山林，那里适宜生长貂狐之类的多毛之动物，那里适宜种植柞栗之类可作染料之植物，那里的居民一定多毛而体方； 第二种土地是川泽，那里适宜生长鱼龙之类有鳞之动物，那里的适宜种植莲芡之类所结果实有皮之植物，那里的居民一定肤黑而滋润； 第三种土地是丘陵，那里适宜生长翟雉之类的飞鸟，那里适宜种植李梅之类所结果实有核的树木，那里的居民一定体圆而身长； 第四种土地是坟衍，那里适宜生长龟鳖之类体表有硬壳之物，那里的植物适宜种植有芒刺的草木，那里的居民一定肤白而体瘦； 第五种土地是原隰，那里的动物适宜生长虎豹之类少毛之物，那里的植物适宜种植萑苇之类丛生之物，那里的居民一定肥胖而短小。

根据上述五种土地居民的生活习惯，对他们进行十二个方面的教育： 第一个方面是通过祭祀之礼教民恭敬，这样一来人民就不会马虎随便； 第二个方面是通过阳礼教民谦让，这样一来人民就不会你争我夺； 第三个方面是通过婚礼教民相亲，这样一来人民就不会有失时之怨； 第四个方面是通过音乐教民和同，这样一来人民就不会行为乖戾； 第五个方面是通过礼仪教民知道人有上下尊卑之分，这样一来人民就不会举止僭越； 第六个方面是通过习俗教民安居乐业，这样一来人民就不会苟且马虎； 第七个方面是通过刑罚教民知走正道，这样一来人民就不会为非作歹； 第八个方面是通过誓约教民慎重，这样一来人民就不会做事懈怠； 第九个方面是通过制度教民节制，这样一来人民就会懂得知足； 第十个方面是通过家学习祖传的技艺以教民掌握谋生的本领，这样一来人民就不会失业； 第十一个方面是按照德行的高低授予不同的爵位，这样一来人民就会争着努力向善； 第十二个方面是按照功劳的大小授予不同的俸禄，这样一来人民就会争着建功立业。

根据不同的土地适宜于不同的用途的法则，辨别十二分野都是哪些以及每一分野所适宜的居民、鸟兽和草木，从而相视人民的住处，选定那些于人有利的地方，避开那些对人有害的地方，使之各得其所，从而使人口旺盛，鸟兽繁殖，草木生长，土地潜力得到最大限度的发挥； 辨别十二分野适宜种植的植物，知道该种什么为好，从而教民种植五谷，种植蔬菜果木。

根据平均土地贡赋的法则辨别五种土地所产之物与九等土质，制定天下的地税，以鼓励人民做好各自的本职工作，交纳土地所生的谷物，以征收钱谷和各种赋税，以使天下的征税公平而又划一。

以土圭之法测量南北距日之远近，根据日影的长短以求得何地乃是天下的中央。 若其地偏南，离太阳近，日影就短，气候就炎热； 若其地偏北，离太阳远，日影就长，气候就寒冷； 若其

地偏东，看到太阳较早，则天下中央的正午时分，其地已是傍晚，这样的地方容易刮风；　若其地偏西，看到太阳较晚，则天下中央的正午时分，其地才是早晨，这样的地方常常阴天。　若其地夏至时的日影是一尺五寸，这个地方就叫做天下的中央。　天下的中央，这是天的中和之气与地的中和之气汇合之处。　因为是天地中和之气的汇合之处，所以那地方四时交替，既不太热，也不太冷，风调雨顺，阴阳和谐，这样的地方自然是物产丰富，人民安居。　于是就在这样的地方建立国都，划定王畿方千里的地域，在王畿的边界上挖沟筑墙，墙上种树，作为险阻。

凡是建立邦国，也要以土圭测影的办法测定其方位，划定其疆域。　公爵的封地，其疆域是方五百里，其中的可耕之地占二分之一；　侯爵的封地，其疆域是方四百里，其中的可耕之地占三分之一；　伯爵的封地，其疆域是方三百里，其中的可耕之地占三分之一；　子爵的封地，其疆域是方二百里，其中的可耕之地占四分之一；　男爵的封地，其疆域是方百里，其中的可耕之地占四分之一。

凡是建立都鄙，也要为其划定地域，命令有关部门在其边界上挖沟筑墙种树。　按照都鄙内的户数设立井、邑、丘、甸、县、都等行政单位加以管理。　年年可种不需休耕的土地，每家发给一百亩；　耕种一年就须要休耕一年的土地，每家发给二百亩；　耕种一年就须要休耕二年的土地，每家发给三百亩。　于是因地制宜地给人民分派职业，确定基层官员的职守，制定交纳地税的法规，使上上下下的每个人都努力做好自己的本职工作；　以上述建立邦国、都鄙的种种规定作为国家的土地法，呈报天子，颁布施行。

遇到荒年，施行十二条救荒的政策，以使人民团聚而不流离失所。　第一条是贷给人民种子和食粮；　第二条是减轻租税；　第三条是对犯罪的人宽大处理；　第四条是停止征调徭役；　第五条是解除山泽的禁令，使民得以觅食；　第六条是取消对市场的盘查；　第七条是简化吉礼、嘉礼的礼仪；　第八条是简化丧礼、葬礼的礼仪；　第九条是把乐器收藏起来；　第十条是节省婚礼花费，鼓励适龄男女婚嫁；　第十一条是检查有没有应该祭祀的鬼神被漏掉了；　第十二条是严惩盗贼。

平时，施行六条保护人民使之蕃息的政策，以使人民生活得到保障。　第一条是爱护幼儿，第二条是敬老养老，第三条是救济鳏寡孤独，第四条是周济贫穷，第五条是优待残疾，第六条是对富人也平等对待，不苛刻索取。

推行六条旧俗以使人民安居乐业。　第一条是建造住房求其坚固实用，不求其华丽；　第二条是同族的人死了，按照先祖居中，子孙按昭穆居左右的规矩葬在一起；　第三条是和外婆家、妻子的娘家和睦相处；　第四条是尊敬老师；　第五条是朋友之间互相信任；　第六条是平民中的富人也不得穿戴出格的衣饰。　每年的（周历）正月初一，开始向普天之下的臣民宣布教典，其方法是把写有教典的木板悬挂到王宫大门的双阙之上，让万民观看，十天以后再把它收藏起来。然后就在普天之下推行教典，让诸侯、公卿大夫和百官根据教典教化其领导下的人民。　在六乡

之中，命令五家编为一比，使比中各家互相连保；五比编为一闾，使闾中各家在遇到事情时可以互相托付；五闾编为一族，使族中各家有了丧葬之事可以互相帮忙；五族编为一党，使党中各家在遭到凶祸时可以互相救助；五党编为一州，使州中各家在遇到经济困难时可以互相救济；五州编为一乡，使乡中各家都互相尊敬贤能之人。

在普天之下颁布十二种职业，使人民都有活干。第一种职业是种植五谷，第二种职业是种植瓜果蔬菜，第三种职业是开发山林川泽的资源，第四种职业是养育繁殖鸟兽，第五种职业是对珍珠、象牙、玉料、石料、木料、金属、兽革、鸟羽进行加工并制成成品，第六种职业是繁荣市场和流通货物，第七种职业是缫丝绩麻、织造布帛，第八种职业是采集野生果木的果实，第九种职业是流动打工，第十种职业是学习道德和技艺，第十一种职业是继承祖传的谋生本领，第十二种职业是像府、史、胥、徒那样到官府为公家服务。

以乡学中的三门课程教育万民，对于成绩优异被推举为贤者、能者的乡民，举行乡饮酒礼来表示对其尊敬。第一门课程是六种道德，其具体内容是智、仁、圣、义、忠、和；第二门课程是六种善行，其具体内容是孝、友、睦、姻、任、恤；第三种课程是六种技艺，其具体内容是礼、乐、射、驭、书、数。

以适用于乡中的八种刑罚纠察万民：第一种是对不孝顺父母者的刑罚，第二种是对族人不睦者的刑罚，第三种是对亲戚不亲者的刑罚，第四种是对不尊敬师长者的刑罚，第五种是对朋友不讲信用者的刑罚，第六种是对不体恤贫穷者的刑罚，第七种是对造谣惑众者的刑罚，第八种是对擅自改变事物的既定名称、用旁门左道扰乱政令者的刑罚。

用五礼来防止万民的侈靡虚伪，教导他们事事都要做得恰如其分；用六乐来防止万民的感情用事，教导他们时时都要做到心平气和。凡人民之中有不服从教化而发生民事纠纷者，大司徒就要会同当地的治民之官一道审理和判决；如果有触犯刑律的，那就要移送到司法部门审理。

天子祭祀五帝的时候，大司徒负责牵进牛牲，供献剔解过的牲体。天子祭祀先王的时候，大司徒也是如此。遇到诸侯和蕃国来朝，大司徒就命令有关部门整治郊野的道路，并沿途储聚粮米柴草，准备招待客人。遇到国王或王后去世，就率领从六乡征调上来的役夫，让他们牵引拴在柩车上的六条绳索，并负责调度和指挥。遇到天子亲自率军征伐，畋猎练兵，大司徒就竖起画有熊虎的旗帜，限令被征召的民众刻日在旗下集合，并负责对他们的调度管理。如果国家发生了大的变故，大司徒就招集六乡的军卒在王宫门前，加强守卫，以备非常；并且下令全国，凡是没有通行证的人一律禁止通行，以防坏人乘机捣鬼。遇到大的荒年和瘟疫流行，大司徒就下令天下各诸侯国把灾民迁徙到粮价便宜的地方，或者把粮食运往灾区，解除山泽的禁令，停止征调徭役，减轻租税，对犯罪者宽大处理。

年终，大司徒要命令属下所有教官整理其办公文件，呈报工作总结。每年的正月，对属下所

有教官申饬说：「各人都要恪尽职守，努力工作，听从天子的命令。如果有谁玩忽职守，国家就将按照有关法律治罪。」

【原文】

小司徒

小司徒之職，掌建邦之教灋，以稽國中及四郊都鄙之夫家、九比之數，以辨其貴賤、老幼、廢疾，凡徵役之施舍，與其祭祀、飲食、喪紀之禁令。

乃頒比灋於六鄉之大夫，使各登其鄉之衆寡、六畜、車輦，辨其物，以歲時入其數，以施政教，行徵令。及三年則大比。大比則受邦國之比要。

乃會萬民之卒伍而用之。五人爲伍，五伍爲兩，四兩爲卒，五卒爲旅，五旅爲師，五師爲軍，以起軍旅，以作田役，以比追胥，以令貢賦。

乃均土地，以稽其人民而周知其數。上地家七人，可任也者家三人；中地家六人，可任也者二家五人；下地家五人，可任也者家二人。凡起徒役，毋過家一人，以其餘爲羨，惟田與追胥竭作。凡用衆庶，則掌其政教，與其戒禁，聽其辭訟，施其賞罰，誅其犯命者。凡國之大事致民。大故致餘子。

乃經土地，而井牧其田野。九夫爲井，四井爲邑，四邑爲丘，四丘爲甸，四甸爲縣，四縣爲都，以任地事而令貢賦，凡税斂之事。

乃分地域而辨其守，施其職而平其政。

凡小祭祀奉牛牲，羞其肆。小賓客，令野修道、委積。大軍旅，帥其衆庶。小軍旅，巡役，治其政令。大喪，帥邦役，治其政教。

凡建邦國，立其社稷，正其畿疆之封。

凡民訟，以地比正之；地訟，以圖正之。

歲終，則攷其屬官之治成而誅賞，令羣吏正要會而致事。正歲則帥其屬而觀教灋之象，徇以木鐸曰：「不用灋者，國有常刑。」令羣吏憲禁令，修灋，糾職，以待邦治。及大比，六鄉四郊之吏，平教治，正政事，攷夫屋及其衆寡、六畜、兵器，以待政令。

【译文】

小司徒的职责是掌管制定国家有关教官的法规，用来核查王城之中以及四郊都鄙载于户籍的男女人数和按九家为一井、五家为一比编制起来的家数，据以辨别其中的贵贱、老幼、残疾者，以便免除他们的徭役，掌管他们在祭祀、饮食、丧纪活动中的禁令，使之不违礼法。

向六乡的大夫颁布调查统计户口财产之法，使每个乡大夫都能够搞清楚他那一乡人口的总数、六畜的总数、各种车辆的总数，搞清楚每家的财产，每一季度向小司徒呈报一次，小司徒据以

施行政治教化，据以宣布征役征税的法令。每隔三年，举行一次全国性的户口财产调查统计，每到这个时候，就要接受外而至于畿外邦国内而至于畿内乡遂呈报上来的调查统计账簿。

于是把六乡的人民按照军队编制组织起来，以备使用。五人为一伍，五伍为一两，四两为一卒，五卒为一旅，五旅为一师，五师为一军。用以作战，用以畋猎和从事大的工程，用以点验追逐敌寇、伺捕盗贼的兵员是否到齐，用以实施交贡纳税的政令。

通过平均土地来核查人口以掌握其精确数字。一家男女七口，除了家长之外其中有三人是强壮劳力的家庭，授予上等土地；一家男女六口，除了家长之外其中有两个半是强壮劳力的家庭，授予中等土地；一家男女五口，除了家长之外其中有两人是强壮劳力的家庭，授予下等土地。凡是征调人民服役，作为正卒，一家不能超过一人，如果家里还有剩余劳力，那就作为羡卒。只有在畋猎、追逐敌寇和伺捕盗贼的时候，才无论正卒羡卒，全部出动。凡征调民夫服役，小司徒就掌管对他们的调度管理和誓戒禁令，听断他们的争讼，实施对他们的赏罚，处分他们中的违背命令者。凡遇到国家有征伐诸侯之事，就征集六乡的正卒；遇到国家有外敌侵犯或乱民造反，那就不但要征集正卒，而且要征集羡卒。

划分土地的界限，在采地施行井田制。一夫授田百亩，九夫为一井，四井为一邑，四邑为一丘，四丘为一甸，四甸为一县，四县为一都，使人民因地制宜地经营土地，而命令他们交纳贡赋，以及所有税收之事。

于是将全国划分为邦国、都鄙、乡遂、公邑等不同的政区，这些政区内的所有山川，使虞衡一类官员负责看守，使人民都有赖以为生的职业，公平其税收。

天子举行小祭祀的时候，小司徒负责牵进牛牲，并负责供献剔解过的牲体。诸侯派其卿大夫来朝，小司徒就命令有关部门整治郊野的道路，并沿途储聚粮米柴草，准备招待客人。遇到天子亲自率师征伐，小司徒负责将从六乡征召上来的民众带到大司徒的麾下；遇到天子派臣下率师征伐以及巡视工程项目，小司徒就负责其调度管理。遇到天子、王后、太子去世，负责率领从乡遂和公邑征调上来的民工，指导他们在下葬时帮忙出力。

凡建立畿外的诸侯国，负责指导他们建立各自的社稷，明确规定九畿的疆界，并派人在疆界上挖沟筑墙种树以为险阻。

凡遇到百姓为户口、征役等事打官司，就根据当事人左邻右舍的证言判断曲直；遇到百姓为地界打官司，就根据官府所藏的地图判断曲直。

年终，对教官的属官进行考核，根据他们的工作总结，成绩好的给以奖赏，成绩差的给以处分；命令各部门大大小小的官吏都要写出总结并且呈报上来。每年正月，率领教官属下的所有官员前去观看悬挂在王宫大门双阙上的教典，并且手摇木铎，当众大声警告：「如果不依法行事，将根据国法的相应条款加以惩处。」命令属官将有关禁令在自己的办公处悬挂起来，整顿法制，纠察职事，以待天下的治理。每逢三年大比之时，则考校六乡四郊和六遂公邑的所有官

员，审查他们的教化治理，指出其政事的优点缺点，考查沟洫、井田的数目，以及人口的多少，六畜、兵器的数量，统统登记造册，以备国家制定政令时有所参考。

【原文】

鄉師

鄉師之職，各掌其所治鄉之教而聽其治。以國比之灋，以時稽其夫家衆寡，辨其老幼、貴賤、癈疾、牛馬之物，辨其可任者，與其施舍者，掌其戒令糾禁，聽其獄訟。大役，則帥民徒而至，治其政令。既役，則受州里之役要，以攷司空之辟，以逆其役事。凡邦事，令作秩敘。大祭祀，羞牛牲，共茅蒩。大軍旅、會同，正治其徒役，與其輂輦，戮其犯命者。大喪用役，則帥其民而至，遂治之。及葬，執纛，以與匠師御匶而治役。及窆，執斧以涖匠師。

凡四時之田，前期，出田灋於州里，簡其鼓鐸、旗物、兵器，修其卒伍。及期，以司徒之大旗，致衆庶而陳之，以旗物辨鄉邑，而治其政令刑禁，巡其前後之屯，而戮其犯命者，斷其爭禽之訟。

凡四時之徵令有常者，以木鐸徇於市朝。以歲時巡國及野，而賙萬民之囏阨，以王命施惠。歲終，則攷六鄉之治，以詔廢置。正歲，稽其鄉器，

比共吉凶二服，閭共祭器，族共喪器，黨共射器，州共賓器，鄉共吉凶禮樂之器。若國大比，則攷教，察辭，稽器，展事，以詔誅賞。

【译文】

乡师的职责是各自掌管其分工所管之乡的教育，并且负责督察各级乡吏的工作。按照国家制定的调查统计户口财产的方法，按时核查其分工所管之乡的男女人口的多少，将其中的老幼、贵贱、废疾以及牛马的多少等情况详加登记，以便搞清楚哪些人是可以胜任种地并服役的，哪些人是应该免除徭役的，掌管有关的戒令和禁令，审理他们的官司。国家有大的工程建设，就率领征召的民工到工地，并负责对他们的管理；工程动工之后，则接受乡里所派民工的花名册，以考查司空制定的章程是否得到执行，以考校工程有无滥失。凡国家有征调民工之事，负责事先安排好民工服役的先后次序。遇到大的祭祀，负责协助大司徒进献剔解过的牲体，并提供祭祀时用以放置黍稷的茅垫。遇到天子亲自率师征伐或者与诸侯在国外会见，负责管理随行的民工与运载辎重的车辆，惩罚那些违犯命令者。遇到天子、王后、太子去世，就率领所管之乡的民工前往服役地点，并监督他们服役。在下葬的路上，就手执羽葆幢和匠师一道指挥牵拉柩车的民工拉车前进。等到下棺入圹的时候，则手执斧头在匠师身旁察看，以便在必要时给予帮助。

凡四季的畋猎活动，事先，乡师负责将有关畋猎的法令下达各级乡吏，等到被征调的乡民集中起来以后，乡师要检查被征调乡民应携带的鼓铎、旌旗、兵器是否带齐，并且按照军事编制把

他们组织起来。到了畋猎那天，以大司徒的大旗作为标志，让被征调的乡州吏卒集合在大旗之下并且排成阵势，用不同的旗子表明某一部分吏卒来自何乡何邑，并掌管针对吏卒的政令、禁令，巡查前后驻扎的吏卒和车辆，惩罚那些违犯命令者，有因为争夺猎获的禽兽而产生纠纷的，负责审理裁决。

凡属于一年之中每个月例行宣布的法令，就在人们平常聚集的市朝摇动木铎，提醒人们记住。要准备随时巡视王城之内及城外六乡四郊的人民，周济百姓的饥饿和困乏，以天子的名义向他们施加恩惠。年终，对所管之乡各级官员的政绩进行考核，并将结果呈报上级，以便决定对他们的任免。每年正月，要考校各级乡吏所储藏的公用器物是否完备：一比置备的公用器物是祭服和吊服，一闾置备的公用器物是祭祀用具，一族置备的公用器物是丧葬用具，一党置备的公用器物是举行乡射礼所需要的器具，一州置备的公用器物是举行乡饮礼所需要的器具，一乡置备的公用器物是满足吉凶二礼所需要的一切礼器和乐器。如果遇到国家大比之年，那就要考查乡中推举的贤能是否名实相符，考查各级乡吏所呈报告的内容有无虚假，考查各级乡吏所掌管的公用器物是否保存完好，并将考查结果呈报上级，以便决定对哪些乡吏应该奖赏，对哪些乡吏应该惩罚。

鄉大夫

【原文】

鄉大夫之職，各掌其鄉之政教禁令。正月之吉，受教灋於司徒，退而頒之於其鄉吏，使各以教其所治，以攷其德行，察其道藝。

以歲時登其夫家之衆寡，辨其可任者。國中自七尺以及六十，野自六尺以及六十有五，皆征之。其舍者，國中貴者、賢者、能者、服公事者、老者、疾者，皆舍。以歲時入其書。三年則大比，攷其德行、道藝，而興賢者、能者。鄉老及鄉大夫帥其吏與其衆寡，以禮禮賓之。厥明，鄉老及鄉大夫羣吏獻賢能之書於王，王再拜受之，登於天府，內史貳之。退而以鄉射之禮五物詢衆庶：一曰和，二曰容，三曰主皮，四曰和容，五曰興舞。此謂使民興賢，出使長之；使民興能，入使治之。

歲終，則令六鄉之吏皆會政致事。正歲，令羣吏攷灋於司徒，以退，各憲之於其所治。國大詢於衆庶，則各帥其鄉之衆寡而致於朝。國有大故，則令民各守其閭，以待政令。以旌節輔令，則達之。

【译文】

乡大夫的职责是，各自掌管本乡的政教禁令。每年（周历）的正月初一，先从大司徒那里领来当年的教育法规，然后再颁发给属下的各级乡吏，让他们根据教育法规来教育他们各自所辖的民众，考查他们的德行，考查他们的道艺。

每年按时核定本乡男女人口的多少，查明其中有多少是能够劳动能够服役的。王城之内，从二十岁到六十岁的人；王城外的郊野之中，从十五岁到六十五岁的人，都要服徭役。有资格得到豁免的，是王城内的各级官吏、学生中德行优异的人、学生中才能突出的人、在官府服务的平民、衰老的人、有病的人，这些人的徭役均可豁免。每年要按时把以上情况登记造册，上报给大司徒。每隔三年举行一次大比，考查在校学生的德行和道艺，从中选拔出德行优异者和才能卓越者，然后由乡老和乡大夫率领所辖官吏以及若干乡民中的优秀分子，以乡饮酒礼来表示对选拔出的德行优异者和才能卓越者的尊敬。举行乡饮酒礼的次日，乡老及乡大夫率领乡吏，把被选拔出来的德行优异者和才能卓越者的事迹材料进献给天子，天子以再拜之礼表示郑重地接受，并且把材料的原本送到天府妥为珍藏，再由内史誊写一个副本，以备日后天子给他们授予爵位俸禄时参考。此后，乡大夫就在乡学里面举行乡射之礼，以下列五条衡量参加射箭比赛者的标准征询乡民的意见：第一条是，射箭时是否做到了，从内心来说，沉着冷静，从外表来说，身体挺直；第二条是，射箭时是否做到了，不论前进还是后退，左旋还是右转，每个动作都符合礼的要求；第三条是，射箭的命中率如何；第四条是，射箭的节奏是否与射箭时的音乐合拍；第五条是，乡射礼进行到最后，射者手持弓矢起舞的舞姿如何。这样的做法，就是要使乡民们自己推选出德行优异的人，让他们出来做中央政府的官员；使乡民们自己推选出才能卓越的人，让他们在本乡本土任职做事。

每到年终，就命令本乡的各级乡吏总结政绩，写出汇报。每年正月，命令乡吏到司徒的衙门里去观看教典，并且考虑怎样贯彻执行；回来以后，则各自把教典悬挂在自己的办公处。遇到天子有国家大事和百姓们商量，就各自率领其乡民来到王宫的外朝。如果国家发生了重大变故，就命令乡民以闾为单位各自集中在闾胥的办公处，以等侯上级的进一步通知。在这种情况下，人民往来既要持有应征的命令，也必须持有乡大夫发给的旌节才准予通行。

【原文】

州長

州長各掌其州之教、治、政、令之灋。正月之吉，各屬其州之民而讀灋，以攷其德行、道藝而勸之，以糾其過惡而戒之。若以歲時祭祀州社，則屬其民而讀灋，亦如之。春、秋以禮會民，而射於州序。凡州之大祭祀、大喪，皆涖其事。若國作民而師、田、行、役之事，則帥而致之，掌其戒令與其賞罰。歲終，則會其州之政令。正歲，則讀教灋如初。三年大比，則大攷州里，以贊鄉大夫廢興。

【译文】

州长的职责是各自掌管本州的教、化、政、令的法规。每年的（周历）正月初一，州长就各自集合本州的民众，向他们宣读一年的政令及十二教之法，以考查他们的德行道艺，鼓励他们向善

学好，纠正他们的过失邪恶，提醒他们不要学坏。如果在春秋两季祭祀州社，就集合本州的百姓向他们宣读政令和教法，也要像正月里那样地进行考查鼓励和纠正警告。春秋两季，要以乡射礼集合民众，在州学里习射。凡是州里的重大祭祀活动和重要人物去世，州长都要亲临其事。如果国家征召本州民众去从事征伐、畋猎、巡狩和劳役，就率领被征召的民众到司徒那里报到，并掌管对他们的戒令和赏罚。每到年终，要总结本州的政策法令文书；到了夏历的正月，还要像周历正月那样地集合民众宣读教法。每逢三年大比，就全面地考查本州的各级官吏和普通民众，以协助乡大夫搞好官吏的任免和从民众中选拔贤者能者的工作。

【原文】

黨正

黨正：各掌其黨之政、令、教、治。及四時之孟月吉日，則屬民而讀邦灋，以糾戒之。春秋祭禜，亦如之。國索鬼神而祭祀，則以禮屬民而飲酒於序，以正齒位：壹命齒於鄉里，再命齒於父族，三命而不齒。凡其黨之祭祀、喪紀、昏冠、飲酒，教其禮事，掌其戒禁。凡作民而師、田、行、役，則以其灋治其政事。歲終，則會其黨政，帥其吏而致事。正歲，屬民讀灋而書其德行道藝。以歲時涖校比。及大比，亦如之。

【译文】

党正的职责是各自掌管本党的政令教化。每逢四季的第一个月的初一，就要召集本党的民众向他们宣读国家的法令，以纠正他们的过失邪恶，提醒他们不要学坏。每逢仲春、仲秋祭禜之时，也要像四季第一个月的初一所做的那样，召集民众，宣读法令。每到年终举行蜡祭的时候，要举行乡饮酒礼，召集民众在党学里面饮酒，根据年龄的大小安排座次，藉以教育人们尊重年长者。参加乡饮酒礼观礼的来宾，如果曾经爵为下士，那就要与乡亲们按照年龄大小排定座次；如果曾经爵为中士，那就只需要与族人按照年龄大小排定座次；如果曾经爵为上士，那就不必按照年龄排定座次，即使年龄较小，也可以直接坐在上位。凡本党居民有祭祀、丧葬、婚嫁、加冠、饮酒等事，负责教给他们有关的礼节，防止他们有越礼行为。凡国家征召本党民众去从事征伐、畋猎、巡狩、劳役，就根据相应的战法、畋法、役法去管理他们。每到年终，要总结本党的工作，率领手下的官吏向上级汇报施政情况。到了夏历的正月，还要召集民众宣读法令，并且把每个人在德行道艺方面的表现记录在案。当族师按季度进行校比时，党正要亲临监督。当族师每三年进行大比时，也要亲临现场监督。

【原文】

族師

族師各掌其族之戒令、政事。月吉，則屬民而讀邦灋，書其孝、弟、睦

媚、有學者。春秋祭酺亦如之。以邦比之灋，帥四閭之吏，以時屬民而校，登其族之夫家衆寡，辨其貴賤、老幼、廢疾、可任者，及其六畜、車輦。五家爲比，十家爲聯；五人爲伍，十人爲聯；四閭爲族，八閭爲聯。使之相保相受，刑罰慶賞相及相共，以受邦職，以役國事，以相葬埋。若作民而師、田、行、役，則合其卒伍，簡其兵器，以鼓鐸旗物帥而至，掌其治令、戒禁、刑罰。歲終，則會政致事。

【译文】

族师的职责是各自掌管本族的戒令政事。每个月的初一，都要召集民众宣读国家法令，并且把那些孝顺父母、尊敬兄长、与族人和睦、与亲戚友好以及学有所成的人及其表现记录在案。每逢仲春、仲秋祭酺的时候，也要像每月的初一那样召集民众宣读法令。根据国家调查统计户口财产的法规，带领所属四闾的官吏，按时集合民众进行考校，查明本族男女人口的多少，搞清楚其中的贵贱、老幼、残疾者，以及能够胜任各种劳动的人，以及各种家畜、各种车辆的数目。五家是一比，二比编为一联；五人是一伍，二伍编为一联；四闾是一族，二族编为一联。把居民这样编制的目的，就是要让一联之人互相连保，互相信托，荣辱与共，祸福相连，以从事正当的职业，以服役于国事，以互相帮助料理丧葬。如果国家征调本族的民众去从事征伐、畋猎、巡狩、劳役，就要把他们按照军事编制组织起来，检查他们应携带的武器、车辆、鼓铎、旌旗是否齐备，然后率领他们到乡师那里报到，并且掌管对他们的指挥、戒禁和刑罚。每到年终，则总结工作，向上级汇报。

【原文】

閭胥

閭胥各掌其閭之徵令。以歲時各數其閭之衆寡，辨其施舍。凡春秋之祭祀、役政、喪紀之數，聚衆庶，既比則讀灋，書其敬、敏、任、恤者。凡事，掌其比、觵、撻罰之事。

【译文】

闾胥的职责是各自掌管本闾的征令。每年按时统计本闾户口的多少，搞清楚其中哪些人是可以胜任种地服役的，哪些人是应该免除徭役的。每逢春秋两季的祭祀活动，以及国家征调力役、天子驾崩之事，都要集合本闾民众，以及四时调查户口财产工作结束后，民众尚未散去，以上四种场合，都要趁机向民众宣读国家法令，并且把那些祭祀祖宗敬慎、做事敏捷、对朋友讲究信用、对穷人给以体恤的人及事记录在案。每逢饮酒的场合，负责监督，看谁有失礼行为，并掌管对失礼者的处罚：轻的吃罚酒，重的挨棍打。

【原文】

比長

比長各掌其比之治。五家相受，相和親，有辠奇衺，則相及。徙於國中及郊，則從而授之。若徙於他，則爲之旌節而行之。若無授無節，則唯圜土內之。

【译文】

比长的职责是各自掌管本比的治理。要使五家互相信托，和睦相亲，五家之中，如果一家有犯罪的，有造谣生事的，其他四家知情不报，就要连坐。如果比内居民有迁徙到王城内和郊里的，比长就要随同他们一道前往，亲手交给当地的官吏。如果比内居民是迁往较远的六遂和都鄙公邑，那就不仅需要比长的亲自护送，而且还需要发给他们旌节作为通行证，以便在路上通行无阻。如果既没有比长的亲自护送，也没有旌节作为通行证，那么，路上遇到盘查，就要把他们当做坏人关在牢狱内加以审问。

【原文】

封人

封人掌設王之社壝，爲畿封而樹之。凡封國，設其社稷之壝，封其四疆。造都邑之封域者亦如之。令社稷之職。凡祭祀，飾其牛牲，設其楅衡，置其絼，共其水槀。歌舞牲及毛炮之豚。凡喪紀、賓客、軍旅、大盟，則飾其牛牲。

【译文】

封人的职责是掌管为天子的社稷设置祭坛以及坛外四周的垣墙，并在王畿的边沿挖沟筑墙种树，以为边界。凡分封诸侯国，封人也要为诸侯国的社稷设置祭坛以及坛外四周的垣墙，并在诸侯国东南西北的边界上挖沟筑墙种树。建造都邑的封域时，也要这样做。将要祭祀社稷时，要命令有关部门各尽其职。每逢祭祀，负责把牛牲刷洗干净，给牛牲的两只角上缚根横棍，给牛牲穿上鼻绳，提供杀牲时要用的水和禾秆；当天子牵着牛牲进入庙门时，要跟在牛牲后面载歌载舞；如果牺牲用猪，就要先褪掉猪毛，然后将猪整体裹起来加以烧烤。凡有丧事祭奠、接待宾客、军队出征、大的盟会，都要把所用的牛牲刷洗干净。

【原文】

鼓人

鼓人掌教六鼓、四金之音聲，以節聲樂，以和軍旅，以正田役。教爲鼓而辨其聲用。以雷鼓鼓神祀，以靈鼓鼓社祭，以路鼓鼓鬼享，以鼖鼓鼓軍事，以鼛鼓鼓役事，以晉鼓鼓金奏。以金錞和鼓，以金鐲節鼓，以金鐃止鼓，以金鐸通鼓。凡祭祀百物之神，鼓兵舞、帗舞者。凡軍旅，夜鼓鼜；軍動，則鼓其衆。田役亦如之。救日月，則詔王鼓。大喪，則詔大僕鼓。

【译文】

鼓人的职责是掌管教会人们敲击六鼓和四金，用以节制音乐，用以指挥军队，用以指挥畋猎和力役。教人敲鼓击金，要让人们懂得不同的鼓声金声具有不同的作用：祭祀天神的时候要敲击雷鼓，祭祀地祇的时候要敲击灵鼓，祭祀祖宗的时候要敲击路鼓，在军事活动中要敲击鼖鼓，在人们从事力役劳作的时候要敲击鼛鼓，在钟镈奏过以后要敲击晋鼓，用錞于和演奏时的鼓声相和，用金镯节制进军时的鼓声，用金铙停止退兵时的鼓声，用金铎使一人首先击鼓而后使众人一齐击鼓响应。在祭祀各种各样的小神时，有时需要跳兵舞，有时需要跳帗舞，这时候就要击鼓为之伴奏。凡军旅之中，巡夜戒备要击鼜鼓；军队在冲锋时，要击鼓振作士气。征召徒役举行畋猎时，也要这样。遇到日食月食，要禀告天子击鼓抢救。遇到天子或王后去世，要通知太仆击鼓。

【原文】

舞師

舞師掌教兵舞，帥而舞山川之祭祀。教帗舞，帥而舞社祭之祭祀。教羽舞，帥而舞四方之祭祀。教皇舞，帥而舞旱暵之事。凡野舞，則皆教之。凡小祭祀，則不興舞。

【译文】

舞师的职责是掌管教兵舞，遇到祭祀山川时，就带领舞者去跳兵舞。教练帗舞，遇到祭祀社稷时，就带领舞者去跳帗舞。教练羽舞，遇到祭祀四方时，就带领舞者去跳羽舞。教练皇舞，遇到干旱求雨时，就带领舞者去跳皇舞。凡平民愿意学习舞蹈者，舞师都要教练他们。凡是祭祀很小的神灵，就不需要起舞。

【原文】

牧人

牧人掌牧六牲而阜蕃其物，以共祭祀之牲牷。凡陽祀，用騂牲毛之；陰祀，用黝牲毛之；望祀，各以其方之色牲毛之。凡時祀之牲，必用牷物。凡外祭、毁事，用尨可也。凡祭祀，共其犧牲，以授充人繫之。凡牲不繫者，共奉之。

【译文】

牧人的职责是掌管牧养六牲而且使其种类繁殖，以供给祭祀所用的角体完具、毛色纯一的牺牲。凡是祭天与宗庙之类的阳祀，要选择通体都是赤色的牺牲；凡是祭地与社稷之类的阴祀，要选择通体都是黑色的牺牲；凡是遥祭四方名山大川的祭祀，要选择与其方土色完全一致的牺牲。凡是四时常祀所用的牺牲，一定要用毛色纯一之牲。凡是军中之祭以及天子对途经山

川的祭祀，以及祈求吉祥和禳除祸咎之类的临时性的祭祀，用杂色的牺牲是可以的。凡祭祀，负责供应毛纯体完的牺牲，并把牺牲交给充人精心饲养。凡是临时性祭祀所需之牲，就不再交给充人饲养，而是直接交给负责祭祀的部门。

【原文】

牛人

牛人掌養國之公牛，以待國之政令。凡祭祀共其享牛、求牛，以授職人而芻之。凡賓客之事，共其牢禮、積、膳之牛。饗、食、賓射，共其膳羞之牛。軍事，共其犒牛。喪事，共其奠牛。凡會同、軍旅、行役，共其兵車之牛，與其牽徬，以載公任器。凡祭祀，共其牛牲之互，與其盆簝，以待事。

【译文】

牛人的职责是掌管为国家饲养公家的牛，以备国家的需要。每逢祭祀，首先要提供享牛和求牛，然后把它们交给充人精心饲养。凡有招待宾客之事，负责提供牢礼、委积、殷膳所用的牛；天子设宴招待来朝诸侯并为之举行射礼时，负责提供宴席上所需的牛；遇到军事行动，负责提供犒劳将士的牛；遇到丧事，负责提供祭奠所需的牛。凡有会同、军旅、行役，负责提供为兵车驾辕的牛和在辕牛前面及两旁协助拉车的牛，用以运载辎重。凡有祭祀，还负责提供悬挂牛牲的肉架子、盛牛血的盆子和盛肉的竹笼，以备使用。

【原文】

充人

充人掌繫祭祀之牲牷。祀五帝，則繫於牢，芻之三月。享先王亦如之。凡散祭祀之牲，繫於國門，使養之。展牲，則告牷；碩牲，則贊。

【译文】

充人的职责是掌管对已被选中用于祭祀的角体完具、毛色纯一的牺牲的精心饲养。用于祭祀五帝的牺牲，要单独关在牛圈里，饲养三个月。用于祭祀先王的牺牲也是如此。凡小祭祀所需的牺牲，只需关在把守王城城门官员的衙署里，让他们饲养，但饲养的时间要短些。祭祀前夜，当有关部门最后一次验视牺牲时，就要报告说：牺牲的角体完具，毛色纯一。祭祀的当天，当天子牵牲入庙，有关部门向神禀告牺牲的肥硕时，充人要抓紧牛鼻绳帮助天子牵牲。

【原文】

載師

載師掌任土之灋，以物地事，授地職，而待其政令。以廛里任國中之地，以場圃任園地，以宅田、士田、賈田任近郊之地，以官田、牛田、賞田、牧田任遠郊之地，以公邑之田任甸地，以家邑之田任稍地，以小都之田任縣地，以大都之田任疆地。凡任地，國宅無征，園廛二十而一，近郊十一，遠

郊二十而三，甸、稍、縣、都皆無過十二，惟其漆林之征二十而五。凡宅不毛者，有里布；凡田不耕者，出屋粟；凡民無職事者，出夫、家之征。以時徵其賦。

【译文】

载师的职责是掌管对土地因地制宜的利用和制定相应税率的法规，以观察什么样的土地最适合于做什么，从而让该地人民从事最合适的职业，并根据国家法令向他们征税。王城之内的土地，用来作为普通老百姓的住宅和士大夫们的府第；城外郭内的空闲土地，用来作为种植瓜果蔬菜的场圃；近郊的土地，用来作为宅田、士田、贾田；远郊的土地，用来作为官田、牛田、赏田、牧田；邦甸的土地，用来作为公邑的田地；邦稍的土地，用来作为家邑的田地；邦县的土地，用来作为小都的田地；邦都的土地，用来作为大都的田地。对使用土地的征税办法是：凡是王城内公卿大夫士的住宅，免税；老百姓的住宅和种植瓜果蔬菜的园地，税率是二十分之一；近郊的田地，税率是十分之一；远郊的田地，税率是二十分之三；甸、稍、县、都的田地，均不超过十分之二；只有漆林的征税率是二十分之五。凡是在住宅旁边不植桑种麻的，要按住宅面积的大小处以罚款；凡是让田地荒芜者，要按田地的亩数处以罚粟；凡是没有职业而又游手好闲的人，就要罚他不仅交纳闲粟，而且交纳丁钱。按时令其属官征收赋税。

【原文】

閭師

閭師掌國中及四郊之人民、六畜之數，以任其力，以待其政令，以時徵其賦。凡任民：任農以耕事，貢九穀；任圃以樹事，貢草木；任工以飭材事，貢器物；任商以市事，貢貨賄；任牧以畜事，貢鳥獸；任嬪以女事，貢布帛；任衡以山事，貢其物；任虞以澤事，貢其物。凡無職者，出夫布。凡庶民不畜者，祭無牲；不耕者，祭無盛；不樹者，無椁；不蠶者，不帛；不績者，不衰。

【译文】

闾师的职责是掌管王城之中和四郊之内的人民、六畜的数目，以利用其人力、畜力从事生产，以征调力役，按时征收赋税。凡使用百姓：让农民从事耕作，交纳各种谷物；让菜农从事种植，交纳瓜果蔬菜；让工人从事制造，交纳各种器物；让商人从事交易，交纳财货；让牧民从事畜牧，交纳鸟兽；让妇女从事女红，交纳布帛；让靠山的人吃山，交纳各种山货；让靠水的人吃水，交纳各种水产。凡是没有固定职业的人，可以不交纳实物，但要交纳丁钱。凡平民之家，如果不畜养牲畜，祭祀的时候就不许有肉；如果不耕种田地，祭祀的时候就不许有黍稷；如果不种树，在埋葬死去亲属的时候就不许使用外棺；如果不养蚕，就不许身穿丝织品；

如果不织麻，办丧事的孝服上就不许有衰。

【原文】

縣師

縣師掌邦國、都鄙、稍甸、郊里之地域，而辨其夫家、人民、田萊之數，及其六畜、車輦之稽。三年大比，則以攷羣吏而以詔廢置。若將有軍旅、會同、田役之戒，則受灋於司馬，以作其衆庶及馬牛車輦，會其車人之卒伍，使皆備旗鼓、兵器，以帥而至。凡造都邑，量其地，辨其物，而制其域。以歲時徵野之賦貢。

【译文】

县师的职责是掌管外连邦国内连郊里的甸、稍、县、都四等公邑的地域，搞清楚其中可以作为劳力使用的男女、老弱孤独、可耕之田与休耕之田以及各种牲畜和各种车辆的数目。每逢三年大比，就据以考查所属官员的政绩，而后报告上级，以决定对他们的任免。如果将有军旅、会同、田役的戒令，就从大司马那里接受有关征兵的法令，据以征调应征的甲士步卒及马牛车辆，并且把车辆和士卒统统按军事编制组织起来，让他们都带上战旗、战鼓、武器、用器，使稍人率领他们到乡师那里报到。凡是在公邑的地域内建造都邑，负责测量其土地，查明该地的物产，制定其疆界。每年按时征收的公邑赋税，负责送入大府。

【原文】

遺人

遺人掌邦之委積，以待施惠。鄉里之委積，以恤民之囏阨；門關之委積，以養老孤；郊里之委積，以待賓客；野鄙之委積，以待羇旅；縣都之委積，以待凶荒。凡賓客、會同、師役，掌其道路之委積。凡國野之道，十里有廬，廬有飲食；三十里有宿，宿有路室，路室有委；五十里有市，市有候館，候館有積。凡委積之事，巡而比之，以時頒之。

【译文】

遗人的职责是掌管王畿之内米粟薪刍的储备，以便向需要者施惠。乡里的储备，用以救济人民的困乏；城门、关门的储备，用以抚恤为国捐躯者的父母及子女；郊里的储备，用以招待过往的国宾；甸稍的储备，用以救助长期寄居他乡的人；县都的储备，用以应付荒年。凡有宾客、会同、师役之事，掌管其沿途的储备。所有从王城郭外到王畿边界的大道，每隔十里，路边就有一个可以打尖的草棚，草棚里边备有饮食；每隔三十里，路边就有一个可以过夜的地方，过夜的地方建有客舍，客舍里备有一定数量的米粟薪刍；每隔五十里，路边就有一个集市，集市上建有设备完善的宾馆，宾馆里备有充足的米粟薪刍。所有王畿内储备米粟薪刍的地方，遗人都要经常巡视和考校，如果发现储备不足，及时予以补充。

【原文】

均人

均人掌均地政，均地守，均地職，均人民、牛馬、車輦之力政。凡均力政，以歲上下：豐年則公旬用三日焉，中年則公旬用二日焉，無年則公旬用一日焉。凶札則無力政，無財賦，不收地守、地職，不均地政。三年大比，則大均。

【译文】

均人的职责是掌管平均乡遂公邑的地税，即平均衡虞之类和农圃之类从业者的税收，平均人民、牛马、车辆对力役的负担。凡是平均人民对力役的负担，要考虑年成的好坏：丰收之年，征调人民从事力役，一旬之中可以有三天；中等收成的年景，征调人民从事力役一旬之中可以有两天；收成不好的年景，征调人民从事力役一旬之中只能有一天。遇到荒年和疾病流行的时候，就要豁免力役，豁免地税，既不收山泽之税，也不收田园之税，也无须再平均地税。每逢三年大比时，也要趁机把地税和力役总的平均一次。

【原文】

師氏

師氏掌以媺詔王。以三德教國子：一曰至德，以爲道本；二曰敏德，以爲行本；三曰孝德，以知逆惡。教三行：一曰孝行，以親父母；二曰友行，以尊賢良；三曰順行，以事師長。居虎門之左，司王朝。掌國中失之事，以教國子弟。凡國之貴遊子弟，學焉。凡祭祀、賓客、會同、喪紀、軍旅，王舉則從。聽治亦如之。使其屬帥四夷之隸，各以其兵服守王之門外，且蹕。朝在野外，則守內列。

【译文】

师氏的职责是掌管以嘉言懿行诏诲天子。以三种德性教导天子和公卿大夫士的子弟：第一种叫至德，把它作为道的根本；第二种叫敏德，把它作为行动的根本；第三种叫孝德，用以不让悖逆凶恶之心萌生。以三种操行教导天子和公卿大夫士的子弟：第一种叫孝行，据以教导他们热爱父母；第二种叫友行，藉以教导他们尊敬贤良；第三种叫顺行，藉以教导他们服从师长。天子每天视朝时，师氏要站在虎门外的东边，留心观察，适时地进献善言。掌管国家的掌故，无论它是合乎礼法的还是违背礼法的，都要讲给天子和公卿大夫士的子弟们听，让他们知道。凡是贵族子弟，都要跟随师氏学习。凡有祭祀、宾客、会同、丧纪、军旅之事，如果天子参加，师氏就要随从。天子在野外处理问题时，师氏也是如此。命令其部属率领四夷的徒隶，各自穿着本民族的服装，手持本民族的武器，把守在王宫的中门之外，并且禁止行人来往。如果天子在野外听朝，就负责内层的警戒守卫。

【原文】

保氏

保氏掌諫王惡。而養國子以道。乃教之六藝：一曰五禮，二曰六樂，三曰五射，四曰五馭，五曰六書，六曰九數。乃教之六儀：一曰祭祀之容，二曰賓客之容，三曰朝廷之容，四曰喪紀之容，五曰軍旅之容，六曰車馬之容。凡祭祀、賓客、會同、喪紀、軍旅，王舉則從。聽治亦如之。使其屬守王闈。

【译文】

保氏的职责是掌管谏诤天子的过失，使之弃恶从善。还要以道艺教育国子，具体地说：一个是教给他们六艺，六艺的内容：一是五礼，二是六乐，三是五射，四是五驭，五是六书，六是九数；再一个是教给他们六仪，六仪的内容：一是祭祀时的容仪，二是接待宾客时的容仪，三是在朝廷上的容仪，四是办丧事时的容仪，五是在军队中的容仪，六是驾驭车马时的容仪。凡有祭祀、宾客、会同、丧纪、军旅等项活动，如果天子参加，保氏就要随从。天子在野外处理问题时，保氏也是如此。命令其部下把守王宫的侧门。

【原文】

司諫

司諫掌糾萬民之德而勸之朋友，正其行而强之道藝，巡問而觀察之，以時書其德行道藝，辨其能而可任於國事者。以攷鄉里之治，以詔廢置，以行赦宥。

【译文】

司谏的职责是负责纠察万民的品德而勉励他们相互之间成为朋友，匡正万民的行为而勉励他们学习道艺，时常到民间巡问并且观察，按时将其德行道艺的情况记录在案，甄别其中的贤人、能人而可以担任国事者。考核乡里吏民的功过善恶，向天子报告，以决定对乡吏的任免，以判定对有罪的百姓是否赦免。

【原文】

司救

司救掌萬民之衺惡、過失而誅讓之，以禮防禁而救之。凡民之有衺惡者，三讓而罰，三罰而士加明刑，恥諸嘉石，役諸司空。其有過失者，三讓而罰，三罰而歸於圜土。凡歲時有天患民病，則以節巡國中及郊野，而以王命施惠。

【译文】

司救的职责是负责对万民之中犯有邪恶、过失的人施行责罚，平时则运用礼法教育万民以

防止他们为非作歹。凡犯有邪恶的百姓，批评三次还不改正，就要对其进行体罚；体罚三次还不改正，就要送他到朝士那里，让他脱冠去饰，背着一块木板，上面写着他的具体邪恶，让他跪在外朝门左的嘉石前面，叫他在大庭广众中丢人，然后还要罚他在司空服一定时间的劳役。凡犯有过失的百姓，批评三次还不改正，就要对其进行体罚；体罚三次还不改正，那就要罚他白天从事劳役，夜晚则锁到监狱里面。一年之中，如果发生了天灾人祸，就要持节巡视京城以及郊野，并且以天子的名义对受灾的民众进行慰问救济。

【原文】

調人

調人掌司萬民之難而諧和之。凡過而殺傷人者，以民成之。鳥獸亦如之。凡和難，父之讎辟諸海外，兄弟之讎辟諸千里之外，從父兄弟之讎不同國；君之讎眂父，師長之讎眂兄弟，主友之讎眂從父兄弟。弗辟，則與之瑞節而以執之。凡殺人有反殺者，使邦國交讎之。凡殺人而義者，不同國，令勿讎，讎之則死。凡有鬬怒者，成之；不可成者則書之；先動者誅之。

【译文】

调人的职责是掌管调查万民的互相结仇情况并予以调解。非故意而因过失杀伤人者，则与乡里之民共同调解：首先断其是非，而后释其仇怨。凡因过失杀伤他人鸟兽者，也这样处理。凡调解过失杀人的冤仇，遵循下列的原则：属于杀父之仇，如果受害一方不肯释怨，可让杀人者躲避到海外；属于杀害亲兄弟之仇，如果受害一方不肯释怨，可让杀人者躲避到千里之外；属于杀害从父、从兄弟之仇，如果受害一方不肯释怨，可让杀人者躲避到另外一个国家。杀害国君之仇，比照杀父之仇处理；杀害老师与杀害顶头上司之仇，比照杀害亲兄弟之仇处理；杀害羁旅主人与杀害朋友之仇，比照杀害从父、从兄弟之仇处理。经过调解而杀人者坚持不愿躲避，这就构成了抗命之罪，在这种情况下，调人就把象征可以除害的瑞节交给报仇之人，让他把杀人者捕送到官府，由官府来治罪。凡杀了人，担心被害人的家属报仇，因而又杀死被害人的子弟，遇到这种情况，调人不得予以调解，而应通告天下，杀人者无论逃到哪个诸侯国，人人都可以抓住他并且杀死他。凡杀人而有一定道理者，则下令被杀者家属不许报仇，硬要报仇则处以死罪。凡有双方吵架、斗殴之事，也要首先予以调解；如果调解不成，就将双方的姓名、事情的本末记录下来；有先行动手报复者，则予以批评或体罚。

【原文】

媒氏

媒氏掌萬民之判。凡男女自成名以上，皆書年月日名焉。令男三十而娶，女二十而嫁。凡娶判妻入子者，皆書之。中春之月，令會男女。於

是時也，奔者不禁。若無故而不用令者，罰之。司男女之無夫家者而會之。凡嫁子娶妻，入幣純帛，無過五兩。禁遷葬者與嫁殤者。凡男女之陰訟，聽之於勝國之社；其附於刑者，歸之於士。

【译文】

媒氏的职责是掌管万民的结为夫妇之事。生子之家，不论生男生女，自出生三个月父亲为之取名以后，都要将婴儿出生的年月日及姓名报到媒氏那里，由媒氏予以登记备案。规定男子到了三十岁一定要娶妻，女子到了二十岁一定要嫁人。凡是娶被丈夫休出或夫死再嫁的妇女为妻，凡是接纳后妻的子女，都要报告给媒氏，由媒氏登记备案。每年的仲春之月，是男婚女嫁的吉时良辰，令已经议婚的男女抓紧时间成婚。在这个月份成婚，即令是礼数有缺也不予禁止。如果无缘无故而不遵守上述规定，就要受到处罚。还要留心青年男女中已经超过结婚年龄而尚未成家者，让他们也抓紧时间成婚。凡女方嫁女男方娶妻，男方送给女方的订婚礼是长两丈宽二尺四寸的全帛，总数不要超过五匹。死去的成年人与未成年而死去的少男少女，生前不是夫妇，死后却要合葬，这种现象要禁止。凡是涉及男女阴私不宜公开审理的案件，要在上下封闭的亡国之社审理；其有触犯刑律者，移送司法机关。

司市

【原文】

司市掌市之治教、政刑、量度、禁令。以次、叙分地而經市，以陳肆辨物而平市，以政令禁物靡而均市，以商賈阜貨而行布，以量度成賈而徵儥，以質劑結信而止訟，以賈民禁僞而除詐，以刑罰禁虣而去盜，以泉府同貨而斂賒。大市日昃而市，百族爲主。朝市朝時而市，商賈爲主。夕市夕時而市，販夫販婦爲主。凡市入，則胥執鞭度守門，市之羣吏平肆、展成奠賈。上旌於思次以令市。市師涖焉，而聽大治、大訟；胥師、賈師涖於介次，而聽小治、小訟。凡萬民之期於市者，辟布者、量度者、刑戮者，各於其地之叙。凡得貨賄、六畜者，亦如之，三日而舉之。凡治市之貨賄、六畜、珍異，亾者使有，利者使阜，害者使亾，靡者使微。凡通貨賄，以璽節出入之。國凶荒、札喪，則市無徵而作布。凡市僞飾之禁：在民者十有二，在商者十有二，在賈者十有二，在工者十有二。市刑：小刑憲罰，中刑徇罰，大刑扑罰，其附於刑者，歸於士。國君過市，則刑人赦。夫人過市，罰一幕。世子過市，罰一帟。命夫過市，罰一蓋。命婦過市，罰一帷。凡會同、師、役，市司帥賈師而從，治其市政，掌其賣儥之事。

【译文】

司市的职责是掌管市场的治理教导、政令刑罚、度量衡以及禁令。按照次叙的方位来划分

地片，作为市场的经界；　按照货物的分类，使不同的肆陈列不同的货物，从而使市场公平；　按照政令，禁止华而不实的奢侈品销售，从而使市价均平；　招徕行商坐贾，充实货物，从而使货币流通；　按照货物的大小、轻重、长短定其价格，不相欺诈，从而使顾客乐意惠顾；　根据货物成交的文书来保证买卖双方的信用，从而防止诉讼；　利用胥师、贾师这些懂得行情的市场官员，禁止假冒和消除欺诈；　利用刑罚禁止某些人的撒野和惩治盗贼；　利用泉府的货币，当某种货物在市场上销售不动时，予以购进，当市场上急需此种货物时，再赊给顾客。　大市在午后进行交易，入市的人以百姓为主；　朝市在早晨进行交易，入市的人以商贾为主；　夕市在傍晚进行交易，入市的人以小商小贩为主。　每当市场开始交易，人们纷纷进入时，胥就要手执皮鞭木棍守在肆门，检查有无诈伪。　众多市场上的官员要整顿卖物者的行列，使其井然有序，并展视所成货物，确定其价格。　在司市的办公处高高竖起作为标志的旗子，表示交易正在进行。　司市就在自己的办公处坐镇，处理大的事情和纠纷。　胥师、贾师也各自在自己的办公处坐镇，处理小的事情和纠纷。　凡买卖双方希望在市场成交者，如果某一方在讲好价钱后在付钱上有欺诈行为或有缺斤少两的欺骗行为，对这些事情的处理和对某些不法分子施行惩罚，都要在交易地点所在肆的叙中进行。　凡拾得货物和牲畜者，也要将其交到出售该种货物、牲畜的肆中，以便失主认领；　如果三日之内没有失主认领，就没收充公。　对于市场上各种货物、各种牲畜、四时食物的销售引导应当是：　市场上没有的货物，应该设法使其有；　物美价廉的货物，应该使其增加；　质量低劣的货物，应该使其绝迹；　华而不实的奢侈品，应该使其尽量减少。　凡是转运货物的商人，发给盖有司市大印的通行证，以便其进进出出。　如果国家发生了灾荒或者疾疫流行，市场上就不再对货物征税，而要大量铸造钱币以救济百姓。　市场上对于假冒巧饰的货物颁有禁令，针对普通百姓的有十二条，针对商人的有十二条，针对贾人的有十二条，针对工人的有十二条。　市场上的刑罚：　轻的刑罚，是将其所犯写成布告，张贴于肆；　中等的刑罚，是将其所犯写在木板上，挂在胸前，让犯者游街；　重的刑罚，是打板子；　如果情节严重，触犯刑律，则移送司法机关。如果国君到市中闲逛，则本当判刑的市人就应赦免；　如果国君的夫人到市中闲逛，就要罚她出一个幕；　如果太子到市中闲逛，就要罚他出一个帟；　如果卿大夫到市中闲逛，就要罚他出一个盖；　如果卿大夫之妻到市中闲逛，就要罚她出一个帷。　凡天子有会同、师役之事，司市就要率领贾师跟随前往，治理在当地临时形成的市场，掌管市场上的买卖之事。

【原文】

質人

質人掌成市之貨賄、人民、牛馬、兵器、珍異。凡賣儥者質劑焉：大市以質，小市以劑。掌稽市之書契，同其度量，壹其淳制，巡而攷之，犯禁者舉而罰之。凡治質劑者，國中一旬，郊二旬，野三旬，都三月，邦國朞。期內聽，期外不聽。

【译文】

质人的职责是掌管平准市场上货物、奴婢、牛马、兵器、珍异的价格。凡买卖成交的，要发给双方质剂作为凭证：大件物品的成交用质，小件物品的成交用剂掌管稽查市场上取予货物的证明，统一市场上的度量衡标准，统一布帛长宽的标准，不断地在市场上巡视并随时检查，有违反上述禁令者，不但要没收其货物，而且还要罚款。凡处理有人手持质剂前来申诉的事，视持质剂人居住之远近而规定有不同的有效期：王城之内，十天；远郊，二十天；邦甸、家稍，三十天；邦县、邦都，三个月；王畿外的诸侯国，一年。有效期内受理，有效期外则不受理。

廛人

【原文】

廛人掌斂市絘布、總布、質布、罰布、廛布，而入於泉府。凡屠者，斂其皮角筋骨，入於玉府。凡珍異之有滯者，斂而入於膳府。

【译文】

廛人的职责是掌管征收市场的房屋税、货物税、证券税、罚款和货物存放税，并将这些税款上交泉府。凡屠宰牲畜者，向他们征收牲畜的皮角筋骨，以此抵税，并上交玉府。凡四时的珍异食物有滞销者，就采购进来上交给膳府。